3359 | ALFA | GÜNCEL | 108

21 GÜNDE MUTLULUK

SABA TÜMER

Saba Tümer, 5 Aralık 1971 tarihinde, Alsancak, İzmir'de dünyaya geldi. Ege Üniversitesi İletişim Fakültesi Gazetecilik Bölümü'nü tamamladı. SKY TV ve Ege TV'nin ardından, NTV'ye 1997 yılında geçti. NTV'de dört yılı aşkın bir süre günlük haberleri sundu, ayrıca bu zaman zarfında InStyle dergisinde yazar olarak çalıştı. Tümer'in, NTV'den sonraki durağı Show TV oldu. Bu görevi Skyturk'te Serdar Akinan ile beraber sunduğu "Ne Var Ne Yok" adlı program izledi. Ne Var Ne Yok'taki performansı, internette yapılan bir oylama sonucunda kendisine "En İyi Bayan Haber Spikeri" unvanını kazandırdı. Skyturk'ten sonra tekrar Show TV'ye dönerek, "Saba Tümer İle Bu Gece" adlı programı sundu; bir yandan da Okan Bayülgen ile "Haber Makinası" adlı programda yer aldı. Aynı günlerde köşe yazarı Pakize Suda ile Star TV'de "Lütfen Bu Konuya Girmeyelim" isimli kadın programını sundu. 2008'de, Habertürk kanalında, "Saba Tümer İle Bu Gece" adlı programı sunmaya başladı. CNN Türk'te 3 yıl çalıştıktan sonra Show TV'ye geçti ve "Saba Tümer ile Bugün" adlı programını yaptı. "Oyuna Geldik" adlı programın yapımcısı ve sunucusu olarak TV8'de de bir süre programlarına devam etti.
Saba Tümer halen İstanbul'da yaşamakta ve televizyonculukla beraber tiyatro oyunculuğu yapmaktadır.

21 Günde Mutluluk

Yayıncı ve Genel Yayın Yönetmeni M. Faruk Bayrak
Genel Müdür Vedat Bayrak
Yayın Yönetmeni Mustafa Küpüşoğlu
Kapak Tasarımı Füsun Turcan Elmasoğlu
Sayfa Tasarımı Mürüvet Durna

ISBN 978-605-171-683-1
1-10. Basım: Mart 2018

Baskı ve Cilt
Melisa Matbaacılık
Çiftehavuzlar Yolu Acar Sanayi Sitesi No: 8 Bayrampaşa-İstanbul
Tel: 0(212) 674 97 23 Faks: 0(212) 674 97 29
Sertifika no: 12088

Alfa Basım Yayım Dağıtım San. ve Tic. Ltd. Şti.
Alemdar Mahallesi Ticarethane Sokak No: 15 34110 Cağaloğlu-İstanbul
Tel: 0(212) 511 53 03 (pbx) Faks: 0(212) 519 33 00
www.alfakitap.com - info@alfakitap.com
Sertifika no: 10905

SABA TÜMER

21 GÜNDE MUTLULUK

ALFA

Gerçek ve koşulsuz sevgiyi öğreten canım annem
ve hayatta bir duruşum olmasını öğreten
canım teyzem İşkoş'uma...

Önsöz

Her zamanki gibi bir gündü.

Kafamda deli sorularla yürüyüş yapıp düşüncelerimi ve sorularımı susturmaya çalışırken, "*Hayattan ne bekliyorsun, Saba?*" diye soruverdim kendime.

Moralim bozuk değildi. Yaş bunalımında değildim. Hatta karşıdan bakıldığında dört dörtlük bir hayatım vardı. Çok şükür, sağlığım yerindeydi, işimde son derece başarılıydım ve ailemle ilişkilerim mükemmeldi. Seviliyordum, seviyordum. Para da kazanıyordum. Daha ne olsun! Arkadaş desen, birçok arkadaşım vardı. Hem tüm bu güzelliklerin yanı sıra şanslı olduğumu da düşünüyordum. Ancak yine de bir keyifsizlik hali içindeydim. İçimde devamlı bir huzursuzluk. Tekrar sordum kendime: "*Hayattan ne bekliyorsun?*"

Mutlu olmak istiyordum, koşulsuz mutlu olmayı diliyordum hayatımda. En küçük bir aksaklıktan keyfim kaçsın istemiyordum. Kolay öfkeleniyordum ve bundan dolayı halsiz düştüğüm ve devamında pişmanlık duyduğum oluyordu. Çok iyi gelen reytinglerle tüm günümü mutluluk ve neşe içinde geçirirken, reytingler biraz düşük geldiğinde öfkeli ve melankolik bir halde geçiriyordum.

Kendime hayattan ne bekliyorum diye sorduğumda anladım ki "tatmin" kelimesini "mutluluk" yerine kullanmaya başlamışım nicedir. Bunu ne kadar zamandır yaptığımı hatırlamaya çalıştım ama sanırım o kadar uzun zaman olmuş ki, anımsayamadım bile. *"Herhalde kendimi işe çok kaptırmışım ve kendim olmayı, Saba olmayı unutmuşum,"* dedim.

Herhangi bir olayın gerçekleşmesi *mutluluk*, gerçekleşmemesi ise *mutsuzluk* olmuştu benim için. Dedim ya, programın reytingi iyiyse mutlu, kötüyse mutsuz. Sevgilisiyle her şey yolunda gittiğinde içi içine sığmayan, araları biraz olsun bozulunca hayal kırıklığı içinde bir Saba. İstediği konuk programa geldiğinde etekleri zil çalan, gelmediğinde öfkeli. Kazancı arttığında gülüp oynayan, aynı kaldığında surat asan. Arkadaşlarıyla iyi vakit geçirirken mutlu mu mutlu, herhangi bir huzursuzlukta ise son derece mutsuz... Sonra etrafımı incelemeye başladım. Herkes hemen hemen aynı şekilde. Evli çiftleri gözlemliyorum, çünkü üst bilincim diyor ki, acaba hayatı paylaştığın biri yok diye mi böyle hissediyorsun, benden daha feci durumdalar. Bir amaçları yoksa neredeyse ortak konuşacak konuları yok. Ama bir ev veya araba alınacaksa veya çocuğun okuluna para verilecekse sohbetin, şekerliğin bini bin para. O araba alınıp da kullanılmaya başlandığı zaman ise yine diyalogsuz, amaçsız yani mutsuz günlere geri dönülüyor.

Kendime "*Hayattan ne bekliyorsun?*" diye sorduğum gün, yolumun düştüğü alışveriş merkezinin x-ray cihazından geçerken güvenlik görevlisinin "Hoş geldiniz" deyişindeki mutluluğu fark ettim. Saatlerdir oradaydı ve üstelik ayakta duruyordu. Muhtemelen evini, ailesini zar zor geçindiriyor, ayın sonunu güçbela getiriyordu. Ama mutluydu işte. Gözlerinin içi parlıyordu. Hiç de mutluluk pozu veriyor gibi değildi. Çünkü ne kadar mutlu rolü yaparsanız yapın, çevrenize istediğiniz kadar gülücük dağıtın, sesiniz mutsuz olduğunuzu mutlaka ele verir. İnsanın sesi mutsuzken iyi çıkmaz ve bunu yansıtır. Güvenlik görevlisinin mutsuz olmak için pek çok nedeni olmasına rağmen mutluydu, çünkü mutlu olmayı seçmişti. Beni mutlulukla karşılamasında ona yıllar yılı ekrandan geçen enerjim de etkiliydi şüphesiz. Ekranda gördüğü Saba kendine güvenen, mutlu, ne olursa olsun hayatı memnuniyetle kucaklayan, kahkahaları gerçek Saba'ydı. Mutluluğum bulaşıcıydı, kendi özündeki mutlulukla benim mutlu enerjimi birleştirmiş ve o güzel "Hoş geldiniz"le beni karşılamıştı.

Güvenlik görevlisini uzaktan gözlemlemeye devam ettim. Alışveriş merkezine gelen herkesi aynı güler yüzle, aynı olumlu enerjiyle karşılıyordu.

O an karar verdim: Mutlu olmanın anlamını bulmalıydım.

Demek ki mutluluk sonuçlara odaklı bir kavram, bir his değildi. Öyle olsa kimsesiz ama mutlu, fakir üstelik de mutlu, şişman ve bir o kadar mutlu, hasta ancak mutlu, yaşlı fakat mutlu mu mutlu insanların mutluluklarını nasıl açıklayabiliriz?

Hemen alışveriş merkezindeki kuaföre çıktım. Bir taraftan saçım yapılırken bir taraftan da elimde kâğıt kalem notlar almaya başladım.

Mutluluk bir seçenek.

Ben tatmin olmak değil, mutlu olmak istiyordum. Olabileceğim kadar mutlu değildim ve hayatımda bazı şeyleri değiştirmeye başlamadıkça hep böyle kalacaktım.

Fark etmek, değişim ve dönüşümü başlatır, ancak uygulamaya geçilmediği müddetçe tam dönüşüm gerçekleşemez. Sonuçta kısmete hizmet etmek gerekir.

Mutluluk üzerine düşünüp notlar almaya devam ettim. Kendimi hem olduğum gibi kabul etmek istiyordum hem de değiştirmek. Geleceğe dair endişelerden kurtulmak ama tutkularımı korumak istiyordum. Hayatı hem daha az ciddiye almak istiyordum hem de daha çok ciddiye almak.

Bu ikilemler arasında gidip gelirken "*Kendimi daha çok mutlu edebilir miyim?*" diye sordum. Bu soruyu cevaplamak iki günümü aldı. İki gün boyunca kendimi irdeleyip durdum. Sonunda kendime şöyle cevap verdim: "*Evet, Saba. Kendini fazlasıyla mutlu edebilirsin.*"

Peki, bunun için ne yapmalısın?

Kendinize soru sorduğunuzda, ki ben bayılırım buna, cevap muhakkak gelir. Sadece sabırlı olmanız ve iç sesinizi duymaya kendinizi açmanız gerekir.

İç sesim cevap verdi: "*Sabırlı ol.*" Bu sesi duymak bile çokça sabır gerektirir.

"*Saba, mutlu olmalısın. Mutlu olman gerekiyor,*" dedim yine, ama bu dilek içimden, kalbimin derinliklerinden gelmeliydi. Sonunda gelmişti de.

"*Mutlu olmak için ne yapmalısın?*" diye defalarca sordum kendime. Bu sorunun cevabını hemen veremedim. Günler geçti. Günler boyunca içimdeki o tanıdık ses, hep aynı soruyu fısıldadı kulağıma. Mutlu insanları gördükçe daha yüksek sesle sordum kendime: "*Mutlu musun, Saba? Mutlu olmak için ne yapmalısın?*"

Bir süre bu duygunun üzerine yoğunlaştıktan sonra bir sinema salonunda kendimi, kendi hayatımı izlediğimi hayal ettim. Kendime dışarıdan bakınca neleri değiştirebileceğimi daha iyi anladım. Hayatımda sevmediğim bir şey varsa bunu değiştirecek kişi bendim, bu benim hayatımdı ve filmin yönetmeni yalnızca bendim.

Evet, teşhisi koymuştum sonunda. Olabileceğim kadar mutlu değildim ve ben değiştirmedikçe bu hep böyle kalacaktı. Einstein'ın sözü geldi aklıma... "*Hep aynı şeyi defalarca yapmak ve her defasında farklı sonuç beklemek en büyük hatadır.*" Demek ki artık aynı şeyleri yapmaktan vazgeçmeliydim. Günler süren sorgulamamdan sonra Saba Tümer olarak değil, Saba olarak mutlu olmak istediğime karar verdim. Zor bir karardı. Günlerce kara kara düşündüm. "*Profesyonel hayatıma bir süre ara mı vermeliydim? Her şeyden uzaklaşmalı mıydım? Yalnız mı kalmalıydım?*"

Sonra o çok sevdiğim, inandığım şu söz geldi aklıma:

Kıyıdan uzaklaşmaya cesaretin yoksa okyanusları keşfedemezsin.

Ve böylece başladım mutluluk yolculuğuma.

Okyanusları keşfetmeye hazır mısın Saba?

Peki, sen okuyucu, sen hazır mısın?

Bu Kitabı Nasıl Okumalı?

Mademki hayatımın yönetmeni benim, filmimi izlemeye geri dönmeliydim. Filmimi izlediğimi hayal edip notlar almaya başladım. Amacım hayatımda radikal değişiklikler yapmadan ufak tefek değişikliklerle fark yaratmaktı, dönüşümü sağlamaktı. Hayatımı değiştirmeden hayatımı değiştirmek istiyordum aslında. Listemi hazırlamaya koyuldum.

Hissettiğimiz fiziksel bedenimiz olsa da sonuçta mental, ruhsal, duygusal ve fiziksel dört bedenden oluşuyoruz. Mutluluk yolculuğunda öyle kararlar vermeliydim ki dört bedenime de hizmet etmeliydim. Ama dördüyle ilgili kararlar almak ilk başta yine mutsuzluğa sürükledi beni. Nasıl yapacaktım bunca şeyi? İçten dışa mı gidecektim, dıştan içe mi? Verilmesi gereken çok karar vardı.

Yıllardır kendi üzerimde çalışıyordum aslında, anladım ki bu tek başına yeterli değilmiş. Daha çok araştırdım, daha çok okudum, daha çok seminere katıldım. Yıllar yılı farkında olmadan kendime yatırım yapmışım aslında; harekete geçmek, kendi mutluluk yolculuğumu oluşturmak, devamında da bu yolculuğu paylaşmak için anahtarlar biriktirmişim. Hepsinde de kendi özüme dönmeyi niyet ettim. İç sesime kulak vermeyi, onu dinlemeyi öğrendim. Kendime, hayatıma konsantre olmayı öğrendim. Tam da bunun için okuduğum kitapları bir kez daha farklı gözle okudum, bilgileri tazeledim, kendimi yeniledim. Yıllardır görmezden geldiğim ya da ertelediğim her türlü bilgi tüm açıklığıyla önüme döküldü zaman içerisinde. Bildiklerimi, öğrendiklerimi hayata geçirmemin vakti gelmişti artık. Yolun başlangıcındaki "uygulanacaklar" listem şöyle sıralanmıştı:

Endişe etmeyi bırak.
Ertelediğin işleri hallet.
Hissetmek istediğin şekilde davran.
Hoşgörülü ol.
Affet.
Varsayımda bulunmayı bırak.
Hiçbir şeyi kişisel algılama.
Hiç kimseyi değiştiremeyeceğini kabul et.
Ânın keyfini çıkar.
Bakış açını değiştir.
Kendi hayatını yaşa, başkalarının senin için seçtiğini değil.
Şükret.
Başarısızlığın keyfini çıkar.

Kendin ol.

Parayı kendine çek.

Enerji vampirlerini hayatından çıkart.

Yargılamayı bırak.

Hayır diyebilmeyi öğren.

Mutlu ol, mutlu et.

İç sesine kulak ver.

Algını aç.

İlk etapta ortaya çıkan liste buydu. Hayatıma bunları uyguladıkça hepsi kendiliğinden zenginleşti ve kendi içinde açılımlar getirdi. Öyle ki zaman içerisinde kendi kendilerine bir döngüye dönüştüler. Madem artık bunlar bir döngüye dönüşmüştü, o halde ben de her bir döngüye 21 günlük bir süre verecektim.

21 gün... Herhangi bir alışkanlık insanda yirmi günlük bir kuluçka dönemi geçirir. 21. güne ulaşan alışkanlık artık sizin bir parçanızdır. Ve artık o alışkanlık dönüşmenizi sağlar.

21 gün... Aynı şekilde kurtulmak, uzaklaşmak, geride bırakmak istediğiniz herhangi bir alışkanlık için de bu gün sayısı kritiktir. 21 gün uzak kalmayı başarırsanız, o alışkanlıkla ilgili bağınızı koparmak için en önemli adımı atmış olursunuz.

Kendi üzerimde denediğim "21 günlük mutluluk yolculuğu" başarıya ulaşınca, "*Ben yaptıysam herkes yapabilir*" dedim. İşte böylelikle bu kitap ortaya çıktı.

Bu "uygulanacaklar" listesi benim önem sıralamama göre şekillendi. Siz de listeyi kendinize, ihtiyaçlarınıza ve önem sıranıza göre şekillendirerek, kişiselleştirebilirsiniz. Kitap elinizde olduğuna göre, 21 günde mutluluk yolculuğuna bilet almışsınız demektir.

Bende suçluluk, öfke, üzüntü, sıkıntı, pişmanlık hissi uyandıranlar kadar bana neşe, güven, tatmin olma hissi veren şeyleri de bu yolculuk sırasında öğrendim. Önce tespitlerde bulundum ve buna göre seçtim mutluluğumu artıracak eylemlerimi, bu şekilde uygulamaya geçirdim kararlarımı. Bu benim mutluluk planım olduğuna göre, benim değerlerimi, benim ilgi alanlarımı, kısaca beni yansıtıyordu.

"Herkesin hayat tarzı farklı, neden başkasınınkini okumakla uğraşayım" diyebilirsiniz. Kendimden biliyorum, başka insanlar için nelerin işe yaradığını, neleri denediklerini, neleri öğrendiklerini öğrenmek bir motivasyon oluşturur hep bende. Hepimiz aynı soruları soruyoruz en nihayetinde:

Günlük sıkıntılarımdan nasıl kurtulabilirim?

Sıradan bir günüm için nasıl minnettar olabilirim?

Herhangi bir terslikle karşılaştığımda nasıl hazırlıklı olabilirim?

İstemediğim bir durumla baş edebilmek için düşünce alışkanlıklarımı nasıl geliştirebilirim?

Karşıdan hiçbir ortak noktamız yokmuş gibi görünse de hepimizin kaygı ve soruları aynı, çünkü hepimiz insanız ve birbirimizden hiçbir farkımız yok.

Tüm kadim öğretiler, tüm edebiyat metinleri, aslında tüm hayat mutluluk arayışı üzerine kurulu. Valerie Bertinelli şöyle der: "*Mutluluk bir seçimdir. Mutlu olmayı ya da mutsuz olmayı seçen sizsiniz. Mutsuz anlar şüphesiz olacak, ama o anların mutluluğunuzu gölgelemesine izin verecek ya da vermeyecek olan yine sizsiniz.*" O halde ben mutlu olmayı seçiyorum, sizlerin de yolculuğuma eşlik etmenizi diliyorum.

Keyifli yolculuklar!

BİRİNCİ DÖNGÜ

ENERJİNİ YÜKSELT!

- Yürüyerek Kendini Keşfet!
- Kilo Ver, Hafifle!
- Uykunun Sırrını Keşfet!
- Evini Kalen Yap!
- Ertelediğin İşleri Hallet!

Listemi çıkarttıktan sonra yapmam gereken en önemli şey nereden başlayacağıma karar vermekti. Belki de en zor kısmıydı bu karar verme aşaması. İlk adım üzerinde düşündükçe, kafamı yordukça enerjimin düştüğünü fark ettim. Enerjim düştükçe de başlamayı erteliyordum. Tam vazgeçecekken bir anda kendimi toparladım ve ilk yapmam gereken şeyin enerjimi yükseltmek olduğuna karar verdim.

Zihinsel beden ve fiziksel beden enerjilerimi artırmam gerekiyordu. Kendimi yorgun hissetmeye artık bir son verip hayatıma canlılık katmalıydım. Yeteri kadar uyuyup yeteri kadar spor yapmalıydım. Beni mutsuz eden kilolarımı verip evimi, bana en özel olan o yeri bir düzene sokmam gerekiyordu. Fiziksel ve zihinsel olarak bir nevi arınmaydı bu.

Bu şekilde oluşturacağım yeni düzenimde enerji yükselmesini yaratacaktım, kendimi daha canlı hissedecektim, böylece diğer kararlarımı hayata geçirmem daha da kolaylaşacaktı.

Yürüyerek Kendini Keşfet!

Nietzche'nin bir sözü vardır: "*Gerçekten büyük olan fikirler yürürken ortaya çıkar.*" Mutluluğu keşfetme yolculuğum da yürüyüş yaparken aklıma geldiğine göre, bunu yani mutluluğu keşfetme yolculuğumu daha fazla ertelemeden, hemen düzenli bir şekilde yürüyüşlerime başladım.

Normal şartlar altında ya havayı güzel görürsem ve üşenmezsem yürürdüm ya da kafam bir şeylere çok takılırsa biraz hava almak için yürürdüm, ki bu ayda en fazla iki kez olurdu, çünkü bir türlü hazırlanıp evden çıkamazdım, yürüyüşümü ertelemek için olmayacak işler bulurdum.

Yaz yaklaşırken durumlar değişirdi tabii. Yaz öncesi yürüyüşlerimin haftada beşe çıktığı bile olurdu. Bikini giyeceğim, plajlara gidip denize gireceğim diye canımı dişime takar, yürüyüp dururdum.

İzmir'de yaşarken de böyleydi. Karar verirdim, karar vermişsem kafaya takardım. On beş gün her sabah fuara gidip yürüyüş yapardım. Hatta hayvanat bahçesinin önünden geçerken tüm gücümle koşardım. Çünkü leş gibi kokardı orası. Bir nevi iyi de olurdu aslında, tempomu artırmış olurdum. On beş gün boyunca yürüdükten ve hayvanat bahçesinin önünden koşarak geçtikten sonra bütün yılı spor yaparak geçirmişim hissine kapılıp sonraki dört ay boyunca kılımı kıpırdatmazdım.

Çok sevdiğim bir arkadaşım vardı. O zamanlar benim üşengeçliğime kafayı fena takmıştı. Biraz bana benziyordu sanki. Kafayı taktı ya, bırakmazdı peşimi. Beni motive etmek için her sabah arayıp uyandırır, "*On beş dakika sonra köşede buluşup fuara gidiyoruz, tamam mı?*" derdi. Ben de kızcağıza ayıp olmasın diye kalkar, dediği yerde buluşur, onunla yürümeye koyulurdum.

Hiç unutmuyorum, bir ay boyunca hafta içi her sabah, üstelik sabahın köründe arayıp beni uyandırmasından gına geldiği için bir karar verdim ve sonunda akşam yatmadan önce telefonu prizden çekmeye başladım. Tabii o zamanlar cep telefonu olmadığı için ev telefonunu prizden çekmek gerekiyordu. Anneme, babama, teyzeme ve kardeşime kimse sabahları ulaşamıyordu, ta ki sabah ben uyanana kadar. Sonrasında rahmetli annem bunu benim yaptığımı anlamış, bana hem iyi bir fırça çekmişti hem de güzel bir ders vermişti. Kız arkadaşıma böyle yaparak ne kadar ayıp ettiğime, her zaman karşımdaki kişiye neyi isteyip neyi istemediğimi dürüstçe söylemem gerektiğine ve bazı şeylerden kaçmak yerine, hayatta her zaman net olmak gerektiğine dair bir dersti bu.

Şimdilerde yine yürüyorum. Yürüyorum, çünkü spor salonuna gitmeyi sevmiyorum. Kalk spor salonuna git, giyin, spor yap, sonra duş al, saçını kurut, tekrar giyin, eve dön... Gözümde büyüdükçe büyüyor bunlar.

Koşu bantlarında yürüyen insanların hayatlarında hep aynı yerde yürüdüklerine, hiçbir yere ulaşamadıklarına dair bir algı var bende. Zaten bedava olan yürüyüşlerinin üstüne bir de niye deli gibi para verdiklerini anlamıyorum.

Yürümek aynı zamanda insan vücuduna en uygun spor. Yürüyüşün bedenin rahatlama tepkisini tetiklediği, stresi azaltmaya yardımcı olduğu, ruhsal durumu iyileştirdiği ve bunalımlı durumdan çıkardığı da bilimsel bir gerçek. Hele de düzenli yapılırsa insanın enerji düzeyini artırıyor, kişinin daha açık düşünmesine yardımcı oluyor.

İşte ben de yağmur yağmadığı sürece, hava ne kadar soğuk olursa olsun, haftada en az dört gün düzenli olarak yürümeye başladım. Kimi zaman ormana veya parka gidiyorum, kimi zaman sahile. O günkü işlerime veya ruh durumuma göre karar veriyorum nerede yürüyeceğime. Yalnız yürümeyi tercih ediyorum, çünkü sadece ve sadece kendimle olmak iyi geliyor bana. Doğayı seyrederek kendimi arındırıyorum, ruhumu temizliyorum ve farkındalığımı artırabilecek bir atmosfer yaratıyorum kendime.

Düzenli yürüyüşlerimin üzerinden bir ay geçmişti ki yürüyüşlerimi daha eğlenceli, daha faydalı bir şekle nasıl dönüştüreceğimin yollarını aramaya başladım. Tamam, enerjim artıyor, ruhsal durumum iyileşiyordu ama bir şeyler daha yaparsam daha iyi olacakmış hissi uyanmıştı içimde. Yürüyüşe ayırdığım süre hayatımda daha başka arınmalara da yaramalıydı.

Derken çok sevdiğim o dört cümle geldi aklıma: *Özür dilerim, lütfen beni affet, seni seviyorum, teşekkür ederim.* Bu cümleleri tekrarlayarak yürüyüşlerime tempo katmanın dışında başka bir amaç daha eklemiştim: Sevgi enerjisini harekete geçirmek. Üstelik bunu artırmaya da başlamıştım.

Bir süre sonra bu dört cümlenin ötesinde başka bir arayışa girdim. Bir sabah yürüyüşe çıkmadan önce başucumdaki telefonu alırken Esma-ül Hüsna kitabı gözüme takıldı. Bir anda kafamda şimşekler çaktı. "Neden yürüyüşlerime bu güzel isimleri katmıyorum?" dedim içimden. Niyet edip bir sayfa açacak ve böylece o gün tekrarlayacağım sıfatı bulacaktım.

Hemen çekmecemdeki zikirmatiği alıp kendimi dışarı attım. Yürürken aynı anda zikirmatiğe de basınca daha iyi konsantre oluyor, aklıma başka herhangi bir düşünce getirmeden tamamen yürüyüşüme ve zikretmeye odaklanıyordum.

Kırk dakikalık yürüyüşümü böylece daha anlamlı bir hale getirmeyi başarmıştım.

Sonra ne mi oldu? Her gün yürümeye can atarak gözümü açmaya başladım. Yürüyüşlerim, bedenime ve ruhuma verdiğim muazzam bir ödül olmuştu.

Yürüyüşler ruhumu ve bedenimi huzura kavuşturuyordu ve bu kavuşma, mutluluk yolculuğumda atılmış en güzel adımlardandı. Arada kaytardığım zamanlar olmuyor mu? Şüphesiz. Ancak kendimi güzel bir ödülden mahrum bıraktığımı hissedip hemen yürüyüşlerime geri dönüyorum.

Kilo Ver, Hafifle!

Yalnızca yürüyüşler yetmiyor tabii. Her ne kadar sıkıcı bir konu olsa da, kabul etmeliyim ki gerek sağlığım, gerek işim, gerekse psikolojim gereği hayatımda her zaman olacak bir meseleydi bu. Kilo vermeye ihtiyacı olmayan kişi bile günümüz şartlarında sağlıklı beslenmek zorunda. Zaman zaman boş versem de, umursamasam da ya da görmezden gelmeye çalışsam da itiraf etmeliyim ki belirli kiloyu aştığım zaman gerçekten mutsuz ve asosyal bir kişi oluyorum.

Bir dönem çok kilo almıştım. Şu anki halimden on dört kilo daha fazlaydım o zamanlar. İşin ilginci, aldığım kiloları aşk acısı yüzünden almıştım ve herhalde depresif olduğum için ne halde olduğumu göremiyordum. Şimdilerde o fotoğraflarıma bakınca o dönem aynada kendimi nasıl ince görebiliyordum diye kendime şaşıyorum.

Ben mutluyken de, mutsuzken de yiyen bir tipim. Fena iştahlıyım. Misafirliklerde ikram edilip de tabakta kalan, kimsenin elinin varmadığı o son börek dilimine gözü takıldığı için konuşulan hiçbir konuya konsantre olamayanlardanım. Ta ki o son börek dilimi mideye inene kadar.

Her neyse, erkek arkadaşımdan ayrıldığım günlerdi. Çok üzgündüm. Gelsin kebaplar, börekler, tatlılar diyerek farkında olmadan kendimi tanıyamayacağım bir hale gelmiştim. Çok bilirim geceleri tatlı yeme isteğiyle uyanıp tatlıları mideme indirdiğimi, sonra da yediklerim çok tatlı geldi diyerek cipsle peyniri bir güzel götürüp ardından yatıp uyuduğumu.

Sanki mutsuz olduğunda ve kendine güvenini kaybettiğinde, yere daha sağlam basabilmek için çok daha fazla yiyor insan. Kişisel gelişim seminerlerinde de çokça söylerler, kilonun güven duygusuyla, hatta anne ve babayla olan ilişkiyle bağlantılı olduğunu.

O zamanlar sokağa çıkıp arkadaşlarımla buluşmayı hiç istemiyordum. Ne giyeceğim, nerem fırtlayacak, neremi kapatacak kıyafet bulacağım, poponu kapatsan göbeğin çıkar, göbeğini kapatsan popon çıkar. Haydiiii, bütün gardırobu aşağı indir. Kırk tane kıyafet dene, sonra ertesi gün hepsini tekrar topla. Tüm bunlardan çok sıkılmıştım. Düşünün, bu bir de kendimi tam göremiyor halimdi. Görsem ne yapacaktım acaba?

Amacım hiçbir zaman incecik veya sıfır beden bir kadın olmak değildi. Sadece aynadaki kendimden hoşnut olmak, onunla barış içinde olmaktı.

Mutluluk planıma başladığım zaman dört kilo fazlam vardı ve onu da kendimi sosyal hayattan alıkoymadan, özelimden ödün vermeden eritmeye karar verdim. Önce abur cuburu kestim. Ayurvedik beslenmeyi hayatıma katmanın daha iyi olacağını düşünüp soluğu konunun uzmanı olan çok sevdiğim arkadaşım Buğra Öktem'in kliniğinde aldım. Dedim, "Bana şu işin birkaç püf noktasını öğret ki hayat boyu dört aldım iki verdim, yirmi aldım dokuz verdimlerle uğraşmayayım."

O gün bana bağırsağın ikinci beyin olduğunu, onu ne kadar yorarsam, hazımsızlık ve kilo sorunlarıyla o kadar boğuşacağımı anlattı. Kendimle, kendi bedenimle kavga etmemeliydim. Bu bir savaş değildi. Üstelik yapmam gerekenler son derece basitti.

Akşamları televizyon izlerken abur cubur yiyeceğime tuzsuz kabak çekirdeği ve beyaz leblebi yemeğe başladım. Canım çok tatlı istediğinde meyvenin üstüne tarçın döktüm. Kebap yerken yanında marul, salatalık, havuç yerine maydanoz, tere, roka, turp ve yeşil biber yedim. Pideyle tereyağı ve tulumpeyniri yemeği kestim. Ne de olsa kebapçıya sadece kebap yemek için gidilir. Balık yerken kavun, peynir ve domates yemeği de kestim. Pizzamı yerken dilimin bir yarısına hardal sürdüm, diğer yarısına acılı yağ döktüm. Yeme içmeyi çok kaçırdığım zamanlarda, sadece meyve yiyerek veya çorba içerek o günü geçiştirdim. Böylece kendimi hiçbir sıkıntıya sokmadan keyifle, mutlu bir şekilde, yavaş da olsa beni rahatsız eden o dört kilodan kurtuldum.

Yeri gelmişken size burada sayfalarca suyun hayatımızda ne kadar önemli olduğunu, vücudumuzun %70'inin su olduğunu falan anlatacak değilim. Fakat kilo vermek deyince bahsetmeden olmazdı. Sadece mucize niteliğinde etkisini gördüğüm ve uzmanların da düzenli yapıldığı takdirde sağlığa çok faydalı olduğunu iddia ettikleri, benim de dört kilo verme dönemimde uygulamaya başladığım ve yaşam tarzı haline getirdiğim "su terapisi" formülünü paylaşacağım.

Her sabah uyandığımda bir litre su içtim. Daha sonra her öğünden yani kahvaltı, öğle, akşam yemeğinden yaklaşık kırk dakika sonra sıcak su içtim. Bazen suyun içine zencefil koydum, bazen karanfil, bazen tarçın, bazen de üçünü birlikte koydum, ama her öğünde aksatmadan içtim. Ve de en önemlisi, ne zaman su içecek olsam oturarak içtim. Ayaktayken su içmeyi tamamen hayatımdan çıkardım.

Mutluluk yolculuğumda kilolarımdan kurtuldum ve suyla hayat buldum. Fazla kilolarımdan her ne kadar kurtulmuş olsam da, arada bir tabii ki ölçüyü kaçırdığım zamanlar oluyor. O zamanlarda da kendime izin veriyorum, iştahlı bir insanım ama ipin ucunu kaçırmamaya uğraşıyorum. Su konusuna gelince... Günün yoğunluğu içerisinde su içmeyi unuttuğum anlar olduğu için telefonumda alarm kurdum, böylece kendime sık sık suyun mucizesini hatırlatıyorum.

Uykunun Sırrını Keşfet!

Bilmek başka, uygulamak veya uygulayabilmek bambaşka. Her bildiğimi hayatıma geçirmiş olsaydım, ertelemeseydim keşke diye düşünüyorum. Mesela uykuyu. Yıllardır herkes söyler, bırakın herkesin söylemesini, bilimin kanıtladığı bir şeydir bu. En sağlıklı uyku, 23.00 ile 04.00 saatleri arasında olurmuş. Gerçi gece çalıştığım için hayatımın önemli bir kısmında bu saat aralığında uyumam imkânsızdı. Ama bakıyorum, gündüz çalıştığım veya çalışmadığım dönemlerde bile nedense bir türlü yatmak, uyumak bilmiyordum. Ne kadar uykum gelirse gelsin, adeta kendi kendimi sabote edip cep telefonumda oyun oynamaya, dizi seyretmeye veya kitap okumaya devam ediyordum. Ta gecenin 03.00'üne kadar. İlginç bir psikolojiymiş telefonda oyun oynamak. Oyunları geçip kazansan ne olur, geçemeyip kaybetsen ya da ertesi gün kazansan ne olur. Sonunda ne para var, ne ödül; ama hayır, inadım inat ya, uykusuzluk pahasına oynamaya devam ediyordum. Üstelik uykusuzluğun bağışıklık sistemini zayıflattığını, kilo aldırdığını, hatta erken yaşlanmaya sebep olduğunu bile bile...

Mutluluk yolculuğumda verdiğim en önemli kararlardan biri de saat 23.00'te ne olursa olsun yatak odamdaki ışığı söndürmek olmuştu. Uyurken odaya sızan en düşük ışık bile bedenin günlük saatini bozduğu için cep telefonumun sesini kısıp ters çevirdim, bilgisayarı odadan çıkardım, televizyon ve ne kadar dijital kutu varsa hepsinin prizini çekmeye başladım. Sabahın ilk ışıklarından etkilenmemek için odama kalın, ışık geçirmeyen perdeler taktırdım. Oda öyle bir hale gelmişti ki sabah 11.00'de bile gözümü açsam her yer zifiri karanlıktı. Mevsimler geçse anlamazdım yani. İyi ve kaliteli bir uyku, iyi bir seks kadar önemlidir insan için. Odamda kalan tek elektronik cihaz cep telefonumdu. Bir habercilik alışkanlığıdır cep telefonunu kapatmamak.

İlk başlarda tabii alışık olmadığım için saatlerce bir sağa bir sola dönüyordum. Kafamda devamlı ertesi gün ne giyeceğim, neler yapacağım diye kurup duruyor, o gün birine kızmışsam onunla tartışmaya devam ederek beynimi yormaya devam ediyordum. Bir taraftan da ışığı açıp yataktan kalkmamaya zorluyordum kendimi. En sonunda bu böyle olmayacak dedim ve kendim için yeni numaralar geliştirdim.

Yatakta bağdaş kurup derin derin nefes alıp vermeye başladım. Nefes seminerlerine çok gittiğim için düzenli ve bağlantılı nefes almanın ne kadar önemli ve faydalı olduğunu biliyordum. Hazır bildiklerimi hayata geçirme kararım varken uyku düzenim ile bunu, yani doğru nefes alıp vermeyi birleştirmeye karar verdim. Burnumdan nefes alıp burnumdan nefes verirken sadece nefesime odaklanıp başka hiçbir şey düşünmemeye özen gösterdim. İlk başlarda tabii ki beynim yine karşı koyup bildik oyunlar oynadı. "*Bu çok zor, bunu yapamam,*" "*Bu gece bunu yapacak halim yok, ne işe yarayacak zaten!,*" "*Ne gerek var on beş dakikaya, beş dakika yapsam yeter!*" gibi cümleler, beynimin fısıldadığı caydırma cümleleriydi. Yolculuğu değil, varışı düşünerek tüm bu fısıltılara direndim ve devam ettim. Doğru nefes alma teknikleriyle, nefes egzersizleriyle ilgili kitapları, videoları, seminerleri daha yakından takip ediyordum artık.

Nefes alırken hafif bir efor gerekse de nefes verirken daha rahatızdır, çünkü kendiliğindendir nefes vermek, kolayca salınır. Nefes alışverişlerimiz sırasında duraksama olmaması ve nefeslerimizin bağlantılı bir şekilde olması gerekir. Zihnimin oyunlarını susturabilmek için seminerde öğrendiğim, aynı zamanda farkındalık düzeyimi de artıran "*Ben şimdi burada birim*" cümlesini söylemeye başladım. *Ben* –nefes alış– *şimdi* –nefes veriş– *burada* –nefes alış– *birim* –nefes veriş–. Böylelikle gece kafamı yastığa koyduğum andan itibaren o günün öfkesini, muhasebesini, endişesini, kaygısını, koşuşturmasını düşünmüyordum artık. Nasıl bir enerji alanı yaratırsam ve öyle uyursam, sabah uyandığımda da o enerji içerisinde kendimi bulacağımı, bunun günümü kolaylaştıracağını biliyordum.

On beş dakikalık bağlantılı nefes, kelimelerle ifade edemeyeceğim kadar iyi gelmişti bana. Biraz zaman geçtikten sonra nefesin ardına bir şeyler daha eklemem gerektiğini hissettim. Hemen imdadıma internet yetişti ve oradaki çoğu uyku meditasyonlarını denemeye başladım. Her gece başka birini dinleyip ardından hangisiyle daha iyi uyuyup güne daha iyi başladığımı test ede ede sonunda kendi meditasyonumu buldum.

Siz de kendinize uyku meditasyonu yapabilirsiniz veya dinlediklerinizle yetiniyorsanız hiç uğraşmayabilirsiniz. Ben devamlı daha iyi ne olabilir, daha iyi ne yapabilirim diyen biri olduğum için kendi meditasyonumu yaptım ve içine *şükretmeyi* de eklediğim için bana en iyi gelen, kendi sesimle okyanus sesi üzerine yaptığım kayıt oldu. Size de belki örnek olur diye ses kaydımdaki cümlelerimi paylaşmak istiyorum:

Bugünün sonuna geldim. Artık hiçbir şey yapmama gerek yok. Vücudumun dinlenme zamanı. Muhteşem bir yatağa ve dinleneceğim muazzam bir odaya sahibim. Vücudum burada yatmaktan inanılmaz keyif alıyor. Şu anda yaptığım şeyden çok mutluyum. Şu anda yapabileceğim en iyi şey bu. Vücudum dinleniyor, hücrelerim gençleşiyor, beynim huzurlu, hayatla muhteşem bir uyum içindeyim. Bütün organlarım ahenkli çalıştığı için şükrediyorum. Bu benim günümün en önemli anlarından biri. Hayatı, kendimi, odamı, yastığımı seviyorum. Bana özel olan bu ânı seviyorum. Var olan her şeyi seviyorum. Yarını dört gözle bekliyorum, ancak şu anda sadece bu kadar. Evet, sadece bu kadar. Güzel, sessiz, kolay ve huzurlu. Benim için her şey yolunda ilerler.

Tabii ki sosyal hayattan beslendiğim ve arkadaşlarımla vakit geçirmeyi sevdiğim için uyku saatini kaçırdığım günler oluyor. O zamanlarda da eğer çok yorgunsam, uykum varsa veya o geceki nefes egzersizimi yapmak içimden gelmiyorsa ya da daha kısa tutmak istediğim gecelerden biriyse gözlerim kapalı şekilde, birkaç kez derin derin nefes alıp vermeye başladım. Nefesimi alırken de dörde kadar sayıyorum, verirken de... Birkaç kere bunu tekrarladıktan sonra normal nefesime dönüp, Louise Hay'in de öğütlediği gibi, nefes alırken "hayat," nefes verirken "beni seviyor" olumlamasını yaparak uykuya dalıyorum.

Evini Kalen Yap!

Evim; sağlıkta ve hastalıkta, hatta her ânımda hayatımın merkezi olduğuna göre beni yatıştırmalı, bana enerji vermeliydi. Aynı zamanda diğer insanlarla olan ilişkilerimi güçlendirmek için çekileceğim bir mahremiyet alanı olmalıydı. Kendimi güvende hissettirerek enerji depolamamı sağlamalıydı.

Her ne kadar bir şey yapmama isteğiyle sürekli mücadele etmek zorunda kalsam da düzenli ve dingin bir hayat istediğime göre yarım kalmış işlerin moral bozucu ağırlığını temizleme vakti gelmişti. Zihnimdeki döküntüleri temizlemem gerekiyordu. Fiziksel ortamların ruhsal mutlulukları etkilediğine inanan biri olduğum için evdeki dağınıklığı ortadan kaldırmaya karar verdim.

Her ne kadar dağınıklık içinde bile bir düzen kurabilecek kapasiteye sahip olsam da evin dağınıklığının enerjimi emdiğinin bilincindeydim. Nasıl bir dağınıklık giderme sorunuyla karşı karşıya olduğumu anlamak için ilk adımı attım ve evin içini dolaşmaya başladım. Ve bu gözle bakınca tabii ki dehşete düştüm. Yıllarca farkında olmadan biriktirdiğim ıvır zıvırlar karşısında -kartvizitlerden DVD'lere, eski şarj aletlerinden kablolara, kullanma kılavuzlarından ne işe yaradığı belli olmayan bir sürü obje ve albümlerde yerini almamış fotoğraflara kadar pek çok eşya- kendimi yatağa atıverdim. Ben bunun altından nasıl kalkacaktım? Ertelediğim işleri halletme kararıma uyarak hemen toparlanıp kendime geldim.

İlk olarak fotoğrafları düzenlemeye karar verdim. Fotoğrafların yanı sıra yıllarca gazetelerde yayımlanmış benimle ilgili haberleri ve programdaki haberlerin gazetelerde yer aldığı sayfaları yeniden düzenleyecektim. Nasılsa bir gün düzenlerim diye gazetelerden koparıp koparıp odamdaki sandığın içine atıyordum. İşte o gün artık bugündü. Elime makası aldım ve benimle ilgili haberleri güzelce kesip tarihlerine göre ayırmaya başladım. Kafamı kaldırdığımda tam üç saattir elimdeki makasla kupür kestiğimi ve parmağımda artık makasın izinin çıktığını fark ettim. Ama aynı zamanda bir hafifleme de hissetmiştim. Uzun zamandır ertelediğim bir işi sonunda yapmış olmanın verdiği rahatlamayla soluğu evin köşesindeki kırtasiyecide aldım. Haberlerimi dosyalamak için altı büyük boy şeffaf dosya aldım. Eve döndüm ve bütün kestiklerimi tarihlerine göre tek tek dosyalamaya başladım. Ve yaklaşık bir buçuk saat süren dosyalamanın sonunda kendime müthiş bir arşiv oluşturdum.

Hızımı almışken albümlere girememiş fotoğrafları ayıklamaya koyuldum. Yıllardır bunu ertelememin sebebi, eski fotoğraflara bakınca yaşayacağım duygu selinden kaçmaktı aslında. Nitekim öyle de oldu. Annem, teyzem, çocukluğum, aile fotoğrafları hepsi tek tek beni maziye götürdü. Bir yandan gözyaşı ve hüzün, diğer yandan yaşanmış ve fotoğraflarla ölümsüzleştirilmiş o mutlu anlara dair şükür. Kâh o anların hatıralarına ağlayarak, kâh kahkahalar atarak hepsini tek tek albümlere yerleştirip o fotoğraflardaki her ana ve herkese teşekkür edip, hepsini tekrar sandığa koydum. Güzel bir banyonun ardından on dakikalık nefes çalışmamı yaptım. İhmal edilen bir işi bitirmenin ruhsal enerjimi nasıl artırdığını görmenin keyifli şaşkınlığı içinde saat 23.00'te lambamı söndürdüm ve anılarımla beraber uykuya daldım.

Sabah kalktığımda sıra ilaç dolabını temizlemeye gelmişti. Oturdum, bütün ilaçların tek tek son kullanma tarihlerine baktım. Tarihi geçmiş o kadar çok ilacın dolapta hâlâ duruyor olması her ne kadar sinirimi bozmuş olsa da her birini atarken oh çekiyordum. Kalanların hepsini tarihlerine göre ayırdım. Zamanında almış olduğum ve ne işe yaradığını hatırlamadığım bütün ilaç, vitamin ve merhemleri attım. Eczaneden almak üzere dolabımda olması gerekenlerin listesini yaptım ve "*Herhalde hayatta insanı bir ilaç dolabını temizlemek kadar tatmin eden çok az şey vardır,*" diyerek tatlı bir tebessümle dolabı kapattım.

Ecza dolabını temizlemek tahmin ettiğimden daha kısa sürdüğü için hemen ne idüğü belirsiz şeyleri atmaya koyuldum. Kablolar, eski şarj aletleri, süresi geçmiş garanti belgeleri, kullanma kılavuzları, kime ait olduğunu bile hatırlamadığım kartvizitler, çiçekçilerden gelen ama hiç kullanmadığım 14 tane vazo, içine bir şey koyarım diye mutfaktaki çekmecede birikmiş kavanozlar... Hepsini attım. Bu kadar yıldır kullanmadığım veya ihtiyacım olursa diye bir köşede duran her şeyden kurtulmuştum.

Bazı eşyaların bozulduğunu kabullenmemin zamanı da gelmişti artık. Duvardaki saat, kahve makinesi tamire gitti. Babaannemden kalan ve sırf nostaljiye bağım sebebiyle kıyamadığım çatlak vazo atılanlar arasında yerini aldı. Şirin diye zamanında aldığım mutfak malzemeleri de nasibini aldı tabii ki. Kendilerinden bekleneni vermedikleri için bir daha böyle gereçler almama kararımla beraber çöpe gittiler.

Sıra kitaplığa gelmişti. Bütün kitapları kitapçılardaki gibi konularına göre ayırdım. Romanlar, kişisel gelişim kitapları, tarihî kitaplar, biyografik eserler... Okunmuş olanları arkaya, okunacak olanları önlere yerleştirdim. Derken sıra "beleş dağınıklığına" geldi. Başkalarının verdiği kullanılmış ama benim hiç kullanmadığım şeyleri, hediye edildiği için uzun zamandır atmaya kıyamadığım, hiç kullanmadığım, hatta elimi bile sürmediğim her ne varsa hepsi tek tek, atılacaklar kolisindeki yerini aldı.

En önemli kısmı sona sakladım: "giysi dolabı." İki tane koli aldım. Birini atılacaklar, diğerini verilecekler kolisi yapıp kardeşimi aradım. Eda'nın çok ince bir zevki vardır ve işi gereği hem modacı hem de *personal shopper* olduğu için, neyin güzel görüneceğini, neyin artık kullanılmayacağını ve neyin işime yarayacağını en iyi anlayacak kişi oydu. İnsanlar ona bunu yapması için para verirken ben bu işi kardeş kontenjanından bedavaya halledecektim. "Layıkıyla kullanılmış" olduklarına emin olana kadar dolapta duran birçok kıyafetimle de zamanla aramda duygusal bağ oluştuğu için bir türlü onları atamıyordum. O bana bunların hepsini attırabilecek en ehil kişiydi.

Kardeşimin eve gelmesiyle askıları teker teker boşaltıp giysileri tek tek denemeye başladım. Her kıyafette üç soru sordum: "*Güzel duruyor mu? En son ne zaman giydim? Bir daha giyer miyim?*" Son üç yıldır giymediğim kıyafetleri attım. Yıllarca yılbaşı geceleri giyilmek üzere alınmış kırmızı donlar, at koliye! Çok sevdiğim, vermeye kıyamadığım ve yıkanmaktan şekli bozulmuş t-shirtler, at koliye! Kilo aldığım dönemde fazla kilolarımı kapatsın diye aldığım ve bir daha hiç giymediğim kazaklarla ceketler, at koliye! Çoraplar, gecelikler, belki giyerim ya da belki yine moda olursa diye vedalaşamadığım tüm kıyafetler, at koliye!

Başkalarının kullanması için sevgiyle, kalben neyi verirsen o sana misliyle geri döner. Onun için üç yıldır kullanmadığım ne kadar kıyafetim varsa ihtiyacı olanlara verilmek üzere kolilere koydum. Kıyafetlerden boşalan askıları da atınca ferahlayarak derin bir oh çektim. Çok az eşyam kalmış olmasına rağmen sanki giyecek daha fazla şeyim vardı, çünkü dolabımdaki her şey artık gerçekten giyeceğim kıyafetlerdi. Daha az seçeneğim olması da kendimi daha mutlu hissetmemi sağlıyordu. İyi marka olan kıyafetlerimi, çantalarımı, programlarımda giymek için deli gibi para harcayarak aldığım ve artık hiç giymediğim ayakkabılarımı satılması için internete koydum. Satılsınlar ki o parayla ihtiyacı olanlara daha fazla şey alabileyim diye. Daha sonra, ayırdığım tüm eşyalara, "*Bu kadar zamandır benimle olduğunuz için teşekkür ederim,*" dedim. "*Şimdi sizi başkalarına yolluyorum. Lütfen o kişilere de şans ve mutluluk getirin.*" Bunları dedikten sonra içimde yeşeren rahatlığı tarif etmeme gerek yok sanırım.

Giyinme odasındaki bir rafı ise özellikle boş bıraktım. Boş raf olanak demektir; genişlemek, gelecek olsa yer açmak demektir. Ne de olsa evren her boşluğu doldurur.

Dağınıklığı gidermek gözümü hep korkuturdu. Sanki devasa bir işmiş gibi gelirdi. Oysa şimdi etrafıma baktığımda, boşalan yerleri ve evime gelen düzeni gördüğümde içime şevk ve huzur geliyor. Meğer bir değişime girmek ne iyiymiş.

Bütün bu değişimin ardından kendime kurallar koydum. Artık yatağımı toplamadan evden dışarıya çıkmayacaktım. Bardağı, tabağı bulaşık makinesine yerleştirmeden yatmayacaktım. Çöpü akşamdan dışarı çıkaracaktım. O gün kullandığım eşyalarımı havalandırıp katlayacak ve yerine koyacaktım. Sabah giyeceğim kıyafeti geceden hazırlayacaktım. Haftalık alışveriş listemi son günde hazırlamaya çalışmayacaktım, gün gün eksikleri postitlere yazıp buzdolabının kapağına yapıştıracaktım.

Tüm bu önemsiz görünen kuralları hayatıma uyguladıkça yaşam enerjimin arttığını, evimin enerjimi emmediğini, tam aksine evimi daha enerjik olmama hizmet eden bir yuvaya dönüştürdüğümü hissettim. Evim mutluluk yolculuğuma eşlik eder hale gelmişti artık!

Ertelediğin İşleri Hallet!

Amaaan sonra giderim, sonra yaparım, sonra ederim diyerek birçok işi genelde ertelerdim. Ve tabii ki o sonraların hiçbir zaman sonu gelmezdi. Erteleye erteleye bir sürü şey birikirdi, biriktirirdim. Ertelenmiş ve bitmemiş işler de kendimi suçlu hissetmeme neden olduğu için tüm enerjimi yer bitirirdi. Mutluluğumu ertelemek istemiyordum ve yürüyüş yaparak, evimi temizleyerek, kilo vererek, doğru nefes egzersizleri yaparak dönüşümümün ilk adımlarını atmıştım aslında. Bir işi yapmanın en zor kısmı, onu yapmaya karar vermektir. Sonunda karar verdiğime göre hemen oturup ertelediğim şeylerin listesini de yapmalıydım.

Yazlık internet bağlantısı için operatör merkezine gidecektim.

Odadaki ayağı kırılmış sandalyeyi tamir ettirecektim.

Giyinme odasındaki kapı kolunu onartacaktım. İçerideki kolu çıktığı için odaya girince kapıyı kapatamıyorum. Allah korusun, yanlışlıkla kapı kapanacak olsa odada kalıverecektim.

Bir senedir yaptırmadığım check-up için hemen randevu alacaktım. Sabah erken uyanıp aç aç gitmeye üşendiğim için, her hafta "Haftaya giderim" diye diye bir yılı bulmuştu kontrole gitmem. Gerçi smear ve meme kontrollerimi her altı ayda bir düzenli yaptırırdım, ama nedense check-up'ı ihmal etmiştim. Bütün sağlık kontrollerimi hemen tamamlayacaktım.

Evin badana boyasını yaptıracaktım. Gözümde büyüttükçe büyütmüştüm, oysa bir ustayla iki günde halledip bitirdiğim bir iş oluverdi.

Yeni nüfus cüzdanını çıkartacaktım. Yine boşu boşuna gözümde büyüttüğüm bir işti. Bir saatte işimi halletmiş, üstelik yeni vesikalıklar çektirmiştim.

Yıllardır gitmeyi ertelediğim tarihi yerleri gezecektim. Tüm bunları gerçekleştirmek inanılmaz haz vermişti.

Yıllarca arkadaşlarımın düğünlerine gitmiştim. Sonralarıysa çalışma tempomdan dolayı tekrar evlerine tebrik ziyaretine gidememiştim. Hatta çoğu çoluk çocuğa karışmıştı ve ben hediyemi alıp çocuk tebriklerine de gidememiştim. Gidemediğim arkadaşlarımın listesini çıkarınca utançtan resmen ateşler basmıştı yüzüme. Çoğunun çocuğu büyümüş, kimi ilkokula gitmeye başlamıştı. Hatta en kötüsü, aralarında liseye giden bile vardı. Hepsini oturup tek tek aramaya başladım. Ne kadar ayıp ettiğimi fark ettiğimi söyleyip özür diledim, kimisini aramak yerine, elime hediyemi alıp gittim. Çocuğu lisede olanlar içinse işi gırgıra vurmaktan başka bir seçeneğim kalmamıştı. "*Ay şekerim, yakında seninki evlenir artık, altınını alıp da gelirim*" diyordum ve kahkahalarla gülüyorduk.

Çok şükür, hiçbir arkadaşım gönül koymamıştı. Hatta beni ne kadar iyi anladıklarını, bu kadar yoğun çalışmama rağmen onları arayıp sormamın, bunu düşünebilmemin bile ne kadar önemli olduğunu, beni çok sevdiklerini söylediler. Beni olduğum gibi kabul ettiklerini, çünkü niyetimi bildiklerini de eklediler. Nasıl rahatladığımı anlatamam. Meğer yıllardır, "Kötü dost muyum?" acaba diye düşünüp ne kadar mahcup hissediyormuşum kendimi. Resmen üstümden bir yük kalkmıştı, hafiflemiştim.

Telefondan, bilgisayardan, teknolojik aletlerden sarkan ve bir türlü toparlayamadığım kabloları kamufle etmek... Kulağa çok kolay gelse de bir türlü yapamamıştım. Bir gün hepsini hallettim. Evin havasının ne kadar değiştiğini anlatamam.

Uzun zamandır ertelenen işleri yapmak, insanın havasını değiştiren en iyi yollardan biriymiş. Hepsini tamamladığımda derin bir ohh çekmiş, ayaklarımı uzatmıştım rahat rahat.

Çok şükür, iç sesim yine beni doğru yönlendirmişti.

İlk 21 günlük döngümün sonuna geldiğimde daha mutlu olduğumu söylemem için her ne kadar erken olsa da kendimi daha canlı, daha enerjik hissettiğim bir gerçekti. Hafiflemiştim, hem de tahmin ettiğimden çok daha fazla. Düzenli uyku sayesinde tenim canlanmıştı, yürüyüşler sayesinde bedenim ve ruhsal durumum iyileşmişti, evimdeki gereksiz eşyalardan kurtulmak ve eve bir düzen gelmesi enerjimi yükseltmişti. Fazlalıklarımdan arınmıştım, artık tamamen kendi enerjimdeydim.

İKİNCİ DÖNGÜ

DOSTLARINI HATIRLA!

- Dost Biriktir!
- Arkadaş Detoksu Yap!
- Yeni İnsanlar Tanı!
- Olumlu Eleştirilerde Bulun ve İltifat Et!
- Mutlu Ol, Mutlu Et!
- İyi İnsan Her Zaman Mutlu Değildir, Ama Mutlu İnsan Hep İyidir!

Sosyal ilişkiler, dostluklar, gerçek arkadaşlıklar mutluluk için olmazsa olmazlardan. Samimi ve güçlü ilişkilerimizin olması, hayattan zevk almamıza yardımcı olur, destek alıp destek vermek hayatımızı güzelleştirir, bunalım ihtimalini azaltır, güven duygusunu artırır. Gerçek samimiyetle, kalpten kalbe kurduğumuz dostluklarla kendimizi daha mutlu hissederiz. Arkadaşlarımla olan bağlarımı güçlendirmenin, bazılarını daha derinleştirmenin, yeni dostluklar oluşturmanın mutluluğuma katkıda bulunacağını biliyordum. Öte yandan bazılarının da mutluluğuma hizmet etmediğini, hatta beni aşağıya çektiğini fark etmenin ve araya mesafe koymanın vakti gelmişti.

Dost Biriktir!

Dostlar her şeydir. Acısıyla tatlısıyla hayatı paylaştığınız insanlar nimettir. Çıkarsız, canın sıkkınken dertleşebildiğin seninle gülüp ağlayacak insanların varlığı hayatın en güzel hediyelerindendir.

Mutluluk yolculuğuma çıktığımda dostluğun gücünü bir kez daha kendime hatırlatarak ihmal ettiklerime ulaşmaya karar verdim. Açtım telefon rehberimi; uzun zamandır aramadığım, konuşmadığım arkadaşlarımın A'dan Z'ye kadar listesini çıkardım ve tek tek onları aramaya, hepsinin hallerini hatırlarını sormaya, kaybettiğimiz zamanı telafi etmeye başladım. Hayat hızla akıp geçiyor, günün yoğunluğu, telaşı arasında sevdiklerimizi aramayı, hal hatır sormayı erteliyoruz. Oysa telefonun diğer ucunda insanlar. Hiç de gözümüzde büyüttüğümüz kadar zor değil bir arama yapmak... Onları aradığımda kâh eski günlere gittik güldük, kâh unuttuğumuz anları hatırladık. Bu yaptığım ilaç gibi gelmişti ruhuma. O eski, ihmal ettiğim sesleri duymak bambaşkaydı. Geçen zaman aslında bir aramayla hemen kapanıyor. Dost dediğin de sorgulamaz zaten, her şeye kaldığın yerden devam edersin o dostla.

Hatta çok özlediklerimle hemen buluşma, seyahate gitme programları yaptık. Hayatında ne değişmiş olursa olsun hayatına dokunmuş arkadaşlıkların tadı başka oluyor. En güzeli de hiçbirimizin birbirimize sitem etmemesiydi. Çünkü sitem insanları birbirinden uzaklaştırır. Gerçek arkadaşlıkta sitem yoktur. Eğer kaldığın yerden devam edebiliyorsan o ilişki gerçek bir ilişkidir.

Eğer kaldığın yerden devam ediyorsan o ilişki gerçektir dedim ya, aklıma en yakın arkadaşlarım Aylin ve Cana geldi. Çok çok eski arkadaş, hatta daha da öte dostuz ikisiyle de. Biri Amerika'da yaşıyor, diğeri İsveç'te. Mesela Aylin'le bütün yıl hiç konuşmadığımız zamanlar olur. Yaz tatili olunca Çeşme'ye gelir ve muhakkak birkaç gün bir araya geliriz. Sanki 365 gün geçmemiş gibi, kaldığımız yerden devam ederiz. Arada New York'a gittiğimde "*Ben geldim*" diye onu ararım ya da o İstanbul'a gelince muhakkak bana haber verir. New York'a gittiğimde hem anne olduğu hem de çalıştığı için çoğu zaman denk gelemezdik, o geldiğinde ise ben çalıştığım için saatlerimizi birbirimize uyduramazdık çoğu zaman. Ama bir güne bir gün ikimizin de ağzından ne sitem dolu bir kelime çıktı, ne de bu konuya dair bir laf dokundurma oldu. Keza Cana'yla da aynı şekilde. İstanbul'da yaşadığı dönemde bile bazen senede sadece iki gün görebiliyorduk birbirimizi. Görüştüğümüz zamanlarda da birbirimize gönül koymak yerine, zamanımızı en kaliteli şekilde geçirmeye çalışıyorduk. Her gerçek dostlukta olması gerektiği gibi.

Aslında formül basit, ne kadar zaman girmiş olursa olsun çalan telefonunu sevinçle açıyorsa karşındaki, içten bir şekilde "*Nasılsın?*" diyorsa, hayatımda olmaya devam etmeli, mutluluk yolculuğumun yoldaşlarından biri olarak kalmalı. Kin tutmanın, kim önce aradı, kim sonra aradıların hesabını tutmamak ne güzel!

Nasıl ki benim ertelediğim aramalar varsa, o gerçek dostların da haklı gerekçeleri vardır aramamak için. Mutluluk yolculuğumda bu olgunluğa da eriştim zaman içinde.

Gerçek bağlar her türlü depremi atlatır. Kalpten kalbe olan dostluklar acıları hafifletir, mutlulukları çoğaltır. Hayatı sorgularken durup düşünüyorum kimi zaman ve dostluklarım için şükrediyorum. Ne olursa olsun yanında olduğum ve yanımda olanlar için. Her türlü depremi birlikte atlattıklarım için. Geri kalanlar mı? Onlar içinse mutluluk yolculuğumda arkadaş detoksu kararını aldım.

Arkadaş Detoksu Yap!

Hayatımızdaki herkesi aynı kefeye koyuyoruz çoğu zaman. Halbuki dost başka, arkadaş başka, ahbap başka, tanıdık başka. Mutluluk yolculuğumda gerçek dostlarım ile geri kalanları olmaları gereken yere koymaya karar verdim. Arkadaşlıklarımda neler beni mutsuz ediyordu, nelerden kaçıyordum, bunları tasnif ettim zihnimde. Ortaya beni de şaşırtan ve devamında hayatımı sadeleştirmekte faydalandığım bir liste çıktı.

Sayıcılar vardı örneğin hayatımda. Bazıları vardır, hep sayar. Der ki, "*Seni iki kere aradım, açmadın ya da davet ettim, gelmedin, bir daha da seni çağırmam ya da aramam.*" Benim için arkadaşlıkta hesap kitap olmaz, ancak ve ancak empati olur. Sen ben o gün ne haldeydim, kim bilir ne işim vardı, biliyor muydun? Kim bilir ne derdim vardı o an. Belki de o kadar mutlu ve bitmemesini istediğim bir andı ki açmadım telefonu veya gelmedim yanına. Sonra da belki tüm iyi niyetimle unutuverdim. Olabilir. Sonuçta her şey insanlar için.

Hepimizin çevresinde var hesapçı arkadaşlar. Beni olduğum gibi kabul etmeyenlerin olmamı istedikleri gibi biri olamazdım sonuçta. Ben benim. Ben nasıl karşımdakini benim istediğim gibi değil, olduğu gibi kabul ediyorsam aynı şekilde karşılık görmeliydim. Bu durumlarla karşılaştığım zaman yüzlerine bunu açıkça söylemeye karar verdim. Kendiliğinden söndü bu arkadaşlıklar zaman içinde.

Sabırlı olmak ile vaktini boşa harcamak arasındaki farkı öğrenmenin de zamanı gelmişti bu süreçte. Beni mutsuz eden veya üzen şeylere, insanlara artık sabrım olmadığını anladım. Benden hoşlanmayan insanları memnun etmeye, beni seviyormuş gibi yapan insanları sevmeye devam ederek vaktimi boşa harcayamazdım. Beni yönetmeye çalışan, benimle oyunlar oynayan, beni olduğum gibi kabul etmeyip yargılayan ve beni eleştirmeye kendinde hak gören kişilere artık hayatımda yer yoktu. Bana yalan söyleyen veya vaatlerde bulunup sonra ortadan kaybolan insanlara verecek bir saniyem bile olmamalıydı. Arkadaşlıklarda hoşgörüsüzlükten, sadakatsizlikten hoşlanmıyordum. Evet, daha önce de tahammül ettiklerim, görmezden geldiklerim oldu mecburen. Ama artık mutluluk yolculuğumda ben nasılsam, öyle arkadaşlarım olsun istiyordum. Ben hesapsızsam onlar da hesapsız olmalıydı, başlangıçtan bugüne sahip çıktığım değerleri, karşımdakinde de hissetmek istiyordum.

Sonra bir gün oturdum, arkadaş listemdeki her bir isimle ne zaman görüştüğümü, o görüşmeden sonra o gece veya ertesi gün kendimi nasıl hissettiğimi hatırlamaya odaklandım. Niyetim enerji vampirleri olarak nitelendirdiğim kişileri hayatımdan uzaklaştırmak ya da uzaklaştıramıyorsam, onlarla görüşmelerimi en aza indirmekti. Bayağı uzun ve ilginç bir liste çıktı. Bu liste üzerinde biraz düşündükten sonra verdiğim karar şuydu: Bir insan size gerçek yüzünü ilk gösterdiğinde ona inanın. Çünkü bizler bahane bulmaya çalışırız, artık yirminci kerede işin doğrusunu, gerçeğini anlarız.

İlk başta biraz sert gelebilir, ama bir insan negatif bir davranışı bir kere yaptıysa onu er ya da geç tekrar yapacaktır. Bir kere yargıladıysa tekrar yargılayacak, bir kere aldatmışsa tekrar aldatacak, bir kere kandırdıysa tekrar kandıracak, bir kere dedikodu yaptıysa tekrar yapacak, bir kere üzdüyse tekrar üzecektir. Ya buna karşı önlem alacağız ya da bunu kabulleneceğiz.

Böylece aynı insanın ikinci kez vaktimi harcamasına izin vermemeye karar verdim. Bunu anlamam uzun zamanımı aldı. Beni üzdüğü için çok üzgündür, bir daha asla yapmaz dediğim kişi, her seferinde aynı hatayı tekrar yaptı. Kendimi daha iyi tanımaya başlayıp özüme, kendi gerçekliğime döndüğümde anladım ki beni sadece ve sadece kendi gerçekliğim özgürleştirebilir. Ve böylece o yaraları hayat dersine dönüştürerek daha temkinli olmaya karar verdim.

Samimiyetle yapılan uyarılar ile yargılama arasındaki o çok ince çizgiyi korumak gerekir. Kişisel tercihlerimiz yani kiminle flört edeceğimiz, kiminle birlikte olacağımız, kendimizi nasıl ifade etmek istediğimiz, cinsel kimliğimiz, tüm bunların hepsi bize, bizim yaşam deneyimimize ait.

Sen sen olarak yaratıldın, bu senin filmin.

Zaman içerisinde fark ettim ki mutsuz insanlar da ister istemez sızmıştı hayatıma. Mutsuzluk bir olma halidir, herhangi bir gerekçeye ihtiyaç duymaz özünde. Parayla pulla, sağlıkla, başarısızlıkla bağlantılı değildir. Çok imkânı olup içinde huzuru, mutluluğu bulamayan, başkalarının mutsuzluğuyla beslenen, başka hayatlara imrenen, onları kıskanan, kendi yaşam amacını bulup oradan beslenmek yerine başkalarının hayatlarından, onları eleştirerek, yargılayarak ya da haklarında dedikodu yaparak beslenen kendini bulamamış ne çok insan varmış meğer...

Mutluluk da, mutsuzluk da bulaşıcıdır. Mutsuzların bir özelliği daha var. O da mutlu insanlardan enerji emip kendilerini beslemeleri. Bunu isteyerek yapmasalar da negatif enerji daha güçlü olduğu için kendiliğinden gerçekleşiyor. Bazı insanlarla vakit geçirdikten sonra halsiz düşmemiz, bıkkınlık, yorgunluk hissetmemizin başlıca nedenlerinden biri de bu.

Bizde bir söz vardır ya, "Güzele bakmak sevaptır" diye, o sözün doğrusu "Güzel bakmak sevaptır." Zamanla nedense bu söz değişmiş. Acaba benim hayatımda var mıydı bu tarz insanlar, güzel bakmayanlar? Tam da bu noktada aklıma hep aynı anım gelir.

Bir gün bir arkadaşıma misafirliğe gitmiştim. Başka bir kız arkadaşımız geldi çocuğuyla, sonra o arkadaşımızın annesi geldi. Yeni tanışıyordum annesiyle. Sohbet muhabbet derken kadıncağız arkadaşımın çocuğuna, ardından da bana iltifat yağdırmaya başladı. Tabii iyi, güzel hoştu söyledikleri, biz de teşekkür ettik. Kadıncağız evden gittikten sonra arkadaşımın çocuğu kafa üstü düşüp başını yarmasın mı! Benimse o gece hayatımda ilk defa gözümde arpacık çıkmıştı. Şimdi gel de güzel bakmaya inanma. Neyse ki çok şükür o kadını bir daha ne gördüm ne de görmek zorunda kaldım.

Bir de nazarım değmezciler vardır. Mesela birisi herhangi bir şekilde iltifat eder, derim ki "*Ay maşallah de!*" Bunun üzerine o da, "*Benim nazarım değmez, merak etme*" der. O beş kelimeden oluşan cümleyi kuracağına "Maşallah" desen ya, çok mu zor! Neden o maşallahı söylemezler, hep merak ederim.

Çok konuşan, çok anlatan, çok karıştıranları da unutmamak gerek. Herhangi bir arkadaşın sana başka bir arkadaşından veya onun özelinden bahsediyorsa, hatta "*Bir tek sana anlatıyorum. Biliyorsun, sen olmasan anlatmam hayatta*" diyorsa ve her şeyi ifşa ediyorsa bil ki seni de başka bir arkadaşına anlatacaktır. Onun için denmemiş midir, *iki kişinin bildiği sır, sır değildir* diye. Her ne kadar bu sözü bilsek de nedense hayatımızda uygulamayız. Bu tiplerle karşılaştığımda ilk başta yorum yapmamaya, sadece onları dinlemeye karar verdim. Sonra bunu da yakıştıramadım kendime ve o kişilerin yüzlerine, bu şekilde davranmayı huy edindiklerini, buna devam ettikleri takdirde görüşmemeyi tercih edeceğimi açıkça söyledim. Onlarla da zaman içinde uzaklaştık birbirimizden.

"Fırsatçılar" ve "pohpohçular" olarak isimlendirdiklerime gelince... İlk başta inanılmaz şekerlerdir. Samimidirler, eğlencelidirler, dedikoduları yoktur, yargılamazlar. Bu şekilde tatlı tatlı görüşmeye başlarsın. Daha sonra samimiyet ilerleyince onları arkadaşlarınla tanıştırırsın, gittiğin yerlere davet edersin. Eğer davet etmezsen o kadar ince bir şekilde sana suçluluk duygusu hissettirirler ki bir dahakine muhakkak çağırırsın onları. İlişkiler kurarlar, ilişkileri bozarlar, sizden hep destek, tam destek beklerler. Aslında için için "sen" olmak isterler. İşte onlar da yolculuğumda artık benimle olmayacaktı. Yalan dünyadan, pohpohlamadansa hep dobralıktan yana oldum ilişkilerde, en azından böyle olmaya çalışıyorum.

"Ses var görüntü yok"lara gelince... İş lafa gelince esip gürleyip eyleme gelince ortadan kaybolanlardır bunlar. Konuştuğu gibi olamayanlar. Yıllar içinde anladım ki, bir kişi ne hakkında çok konuşuyorsa o konuştuğu onda yoktur. Ya da bir şeye ne kadar büyük tepki veriyorsa, aslında bu o duygunun kendisinde olmasındandır. Oysaki olduğumuz kişiyi kabullenebilirsek, olmak istediğimiz kişiye dönüşmemiz daha kolay olacaktır. Özümüzü inkâr edip kendimizi farklı göstermeye çalıştıkça olmak istediğimiz kişiden o kadar uzaklaşırız.

Bazı zamanlarda mutluluğumuzu da, mutsuzluğumuzu da kendimize saklamamız gerektiğini bilmek önemlidir. İmrenmek çok insani bir duygu. Ne kimsenin mutsuzluğumdan beslenmesini ne de mutluluğuma gölge düşürmesini isterim. Bunun için de karşımdakine bilmesi gerektiği kadarını anlatırım çoğu zaman. Her ne kadar hislerimi paylaşma ihtiyacı hissetsem de, karşı tarafın anlattığımda göstereceği tepkileri merak etsem de, anlatırken çok eğleneceğimizi bilsem de, kimsenin içini bilemediğim için kolay kolay açılamam. Belki o an çok mutsuz, belki senin o an yaşadığın onun en büyük hayali, belki onun sahip olmadığı şeye sahipsin, belki de o iş onun en çok yapmak istediği iş... Karşı tarafın enerjisiyle kendi işinize taş koyabilir, enerjinizi kesebilirsiniz.

"Şikâyetçiler," "dırdır eden"ler de önemli bir grup... Bazı insanlar devamlı şikâyet eder. Çok şikâyet edenler, etraflarındakilere de mutsuzluk bulaştırırlar. Sanki sızlandıkça ve söylendikçe olaylar düzelecekmiş gibi gelir onlara. Halbuki böyle yaparak kendi hayatlarına da büyük zarar verirler. Çünkü hayat bize her zaman odaklandığımız şeyi verir. Hayatımızda neyin yanlış olduğuna odaklandıkça daha fazla yanlışla karşılaşırız. Bu tarz kişiler bu sonsuz döngüden çıkmak bir yana, etraflarındaki kişileri de bu döngüye sokmak isterler, yandaş ararlar. Oysaki yapmaları gereken şey çok basittir: Fark etmek. Kişi ne yaptığını ve ne zaman yaptığını fark ederse, zarar veren bu alışkanlıkla kendisini ve etrafını zehirlemekten kurtulur. Geçmişi didiklemek, şimdiki zamana boşu boşuna mutsuzluk getirir. Geçmiş gitti ve bitti.

Bazen gün içinde dengemizi bozan olaylarla da karşılaşabiliyoruz. Sosyal medyada yazılan kötü bir yorum ya da kıskanç bir arkadaşın söylediği cümle... Artık başka birinin dramına çekilmek istemiyordum. Bunun için yapmam gereken tek bir şey vardı, o da beni üzecek şeyleri merak etmeyi bırakmak.

Son grup, "egosal yardımseverler..." Bir insanı en iyi tanıma yollarından biri de ondan yardım istemektir. Biri bir yardım istediğinde o insana gerçekten yardım etmek isteyenler dışında egolarını beslemek için yardımsever görünenlerle yani egosal yardımcılarla karşılaşırız. Adından söz ettirip başkalarına yaranmak için yardım edenler ile gerçek yardımseverleri birbirinden ayırt etmek gerekir. Hayat bu, yarın bir gün güçten düştüğümüzde egosal yardımcıları etrafımızda göremeyebiliriz. Biri için herhangi bir şey yapmak keyif işidir, gönül işidir. Bunun vergisiyse yaptığınız o şeyden aldığınız tattır, karşılıksızdır. Hatta karşılığında bir teşekkür bile beklemeden sadece yapmaktır.

Geçtiğimiz günlerde daha önce programımda çalışmış bir stajyerimle karşılaştım. "Herkese sizi anlatıyorum, bendeki yeriniz çok başka," diye söze girdi. "*Hatırlar mısınız, bir gün programda ayakta duramayacak kadar hastaydım, stüdyoda sürünüyordum. Beni fark ettiniz. Hasta olduğumu anlayınca da hemen kanalın aracını çağırtıp beni eve yolladınız. Hiç unutmam.*" Hiç hatırlamıyordum anlattığı hikâyeyi, ama bugün olsa yine tavrım bu olurdu. "*Dahası da var...*" diye devam etti: "*Bitirme ödevim olan filmi çekmek için acil bütçeye ihtiyacım vardı. Çok büyük sıkıntıdaydım. Diğer stajyer arkadaşlarla konuşurken duymuşsunuz. Ertesi gün bana ihtiyacım olan parayı verdiniz. Hem de ben istemeden. Bu yardımınızı hiç unutmam.*"

Ne zaman çalıştığımızı bile hatırlamadığım stajyerimizden duyduğum sözlerin verdiği keyif inanılmazdı. Anlattıklarını hatırlamıyordum bile. Araştırmalar başkalarına destek vermenin, kişinin mutluluğunu birilerinden destek almaktan daha fazla artırdığını söyler. Cömert davranışlar, arkadaşlık bağlarını güçlendirir. Hediye almak, hediye vermek ya da yemek ısmarlamak her ne kadar cömertlik olarak algılansa da esas olan ruhsal cömertliktir. İyilik yap, iyi hisset!

Samimiyet, sevgi, hoşgörü ve ruhsal cömertlik çerçevesinde kalpten kalbe olan dostluklarımla mutluluk yolculuğumu beslemeye devam ediyorum.

Yeni İnsanlar Tanı!

Mevcut enerjimi değiştirmeye, hayatımı değiştirmeden hayatımı değiştirmeye niyet ettiğime göre enerji alanıma yeni insanlar sokup onlarla beraber yeni deneyimler, yeni bilgiler, yeni fırsatlar edinebilirdim. Biliyordum ki alışkanlıklarımı veya davranışlarımı değiştirmezsem hep aynı bildiğim sonuçlara ulaşacaktım. Hayat bana aynı şeyleri sunmaya devam edecek, aynı çemberin içinde dönüp duracaktım. Mademki hayatımdaki çemberin dışına çıkıp ufak değişikliklerle büyük dönüşümler yaratmak istiyordum, o zaman yeni insanlarla tanışmak bana çok iyi gelecekti. Bu niyetle yavaş yavaş çevremi değiştirip kendimi yeni insanları tanımaya açınca bunun son derece enerji verici olduğunu gördüm. Yeni tanıdıklarıma baştan savma bir merhaba demek yerine onlarla oturup sohbet etmek, yeni insanları tanıyıp keşfetmek, değişik konulardan konuşmak havamı değiştirip enerjimi yükseltiyordu. Aynı zamanda nasıl arkadaşlıkları hayatıma çekmek istediğim konusunda da bana yol gösterdi.

Oldum olası ciddi, somurtkan, tebessüm etmeyi bilmeyen insanlardan hazzetmezdim. Onlarla konuşmak zorunda kaldığımda içime sıkıntı basardı. Hayat o kadar da ciddiye alınmamalı. Tek gerçek var, ölüm. O zaman hayatı somurta somurta, lanet ede ede geçirmeye ne gerek var. Sen hayata somurttukça hayat da sana somurtacaktır. Halbuki karşınızda gülümseyen, tebessüm eden bir insan olunca içiniz açılır. O kişiyi daha samimi bulursunuz. Daha hoş ve ilgi çekicidir o kişi. Tatlı bir tebessüm karşı tarafa kendini olduğundan daha iyi hissettirir.

Herkes kendisi hakkında konuşmaya bayılır. İlgini göstermenin en kolay yolu soru sormaktır. En önemli yolu ise karşındakini iyi dinlemektir. İşimde bu kadar başarılı ve herkesten farklı olmamın nedenlerinin iyi soru sormam, güzel dinlemem, göz teması kurmam, ilgi göstermem, dinlediğimi belli etmek için başımı sallamam veya dinlediğimi hissettirecek bir tepki vermem, kendimle dalga geçebilmem, yeni bir sohbet konusu açabilmem, karşımdakilerin beni güldürmelerine izin vermem, herkesle eşit şekilde konuşup ilgileniyor olmam ve her daim olumlu bir hava yaratmam olduğunu biliyordum. Başkasına keyif vermek, en güzel keyiflerden biridir.

İşimi özel hayatıma taşıdığım anda zaten bütün yeni dostluk kapıları da bana açılmış oldu. İşimde de zaten olduğum gibiydim. Bu meziyetler bende olduğu için başarı beraberinde gelmişti. Beni ben yapan şeyi iş olarak görüp özel hayatımda uygulamayı kesmiştim. Yani bir nevi iş deformasyonu yaşamıştım. Şimdi yeni arkadaşlıklarımla, dostluklarımla ve ahbaplarımla yeniden özüme, kendim olmaya dönmüştüm.

İhmal ettiğim birçok arkadaşıma gerek bebek, gerekse evliliklerini kutlama ziyaretleri gerçekleştirdiğimde inanılmaz mutlu olmuştum, daha önce de söylediğim gibi. Bu tarz davranışlar arkadaşlıkları yakın arkadaşlıklara çeviren, iyi arkadaşların arasındaki bağı daha da güçlendiren davranışlardır. Çok yakından tanımadığım insanları da görmek, onlarla ilgilenmek önemliydi. Sonuçta tanışıklık muhabbete yol açar. Eğer çaba göstermezseniz arkadaşlıklar devam etmez. Devamlı moda dergileri okuyup o davetten diğerine koşan, bana göre sahte bir dünyanın sakini çok arkadaşım vardı. Onlar gibi olmadığım için de benimle ilgilenmemeye karar vermişlerdi. O yöne gitmeye niyetli olmasam da onlara destek vermeliydim, yanlarında olduğumu hissettirmeliydim. O günden sonra mağaza açılışı yapan ilk arkadaşımın o önemli gününde orada bulunup hayırlı olsun alışverişimi yaptım. Bir etkinlik düzenleyen arkadaşımın yanına beş dakika da olsa mutlaka uğradım. Bu çabayı göstermek beni mutlu etti, arkadaşlarıma daha yakın hissettirdi. Doğru bir davranışta bulunmak hep huzur verir.

Ve sonuçta, enerjimi yükseltecek insanları hayatıma çekip enerjimi düşürenlerden uzaklaşarak, ufak değişikliklerle büyük değişimler yarattım hayatımda.

Olumlu Eleştirilerde Bulun ve İltifat Et!

Olumlu eleştirilerde bulunmak alçakgönüllülük gerektirir. Çok ilginç bir gerçek var ki insanlar kendilerini eleştiren kişilerin kendilerinden daha akıllı olduğunu düşünür. Kendini memnun edilmesi zor biri olarak hissettirmek, daha zeki ve üstün olduğun şeklinde düşünülmeni sağlar. Bazı insanlar laf sokuşturmanın, iğnelemenin, alaycı davranmanın üstünlük duygusu verdiği yanılgısında yaşar. Oysaki *kendine yapılmasını istemediğini başkasına yapma* mottom benim her zaman insanların hayatına daha güzel dokunuşlarda bulunmamı sağladı. Mutluluk şevk, heves ve alçakgönüllülük ister. Yıkıcı eleştirilerde bulunmak, ironiye sığınmak çoğu insan için çok daha kolaydır.

Takdir ve beğeni duymayı hangimiz istemeyiz ki... Aslında bana göre her insan mükemmeldir. Ama maalesef çoğu kişi bunun farkında değildir. Hep bir yanlarından hoşnutsuzdurlar.

Sözün gücünün ne kadar büyük olduğunu bildiğim için iltifat etmeyi çok severim. Mutluluk planımı uygulamaya başladıktan sonra daha fazla iltifat edip daha çok gözlemlemeye başladım ve fark ettim ki iltifat ettikçe insanlar benim yanımda kendilerini daha iyi hissedip yalınlaşıyor, şeffaflaşıyor, içlerindeki iyiyi farkında olmadan ortaya çıkarıyorlar. Tatlı dil yılanı deliğinden çıkarır misali. Küçük ve hoş bir sözle buzların veya negatif karanlık enerjinin nasıl dönüştüğünü ânında fark eder oldum. Güzel söz karşısında hiç kimse kayıtsız kalamaz.

Victor Hugo, "*İltifat birine dolaylı olarak verdiğiniz bir öpücük gibidir,*" demiş. Ne kadar da doğru. Güzel bir sözle birisinin tüm gün kendisini mutlu hissetmesini güzel bir sözle sağlayabilmek hem kendimizi hem de karşımızdakini iyi hissettirmez mi? Bunun nesi kötü olabilir ki?

Biliyorum ki çevremizdeki insanların pozitif yönlerine odaklanmamız, kendi hayatımıza da pozitif bakmamızı sağlar. Kendimiz, hayatımız ve etrafımızdakiler hakkında pozitif düşünmeye başlarız. Pozitif olarak baktığımızda sadece diğer insanlar değil, etrafımızdaki her şey bize daha güzel gelir. Negatif görmeye olan eğilimimiz pozitife dönüşür. Algı bu tarafa yöneldikçe de hayata bakışımız, hayatı algılayışımız gün geçtikçe değişir. Pozitife yöneldikçe hayattan keyif almaya da başlarız.

İnsanları överken karşılık beklemek iltifatı samimiyetsiz gösterir. Fakat şu bir gerçek ki, ego yaptığı şeyin içten içe karşılığını görmek ister. Bu durumda yaptığımız şeyin karşılığını hemen alamasak da, zamanla karşımızdaki kişiyle aramızda bir güven ilişkisinin oluştuğunu görecek, olumlu, bir iletişim kanalı geliştirmiş olacağız. Dünyaya gönderdiğimiz enerji bir şekilde dünya tarafından bize geri gönderilir. Yaptığımız her davranışın, her şeyin bir karşılığı olacaktır. Takdir etme, olumlu düşünme, kendimizi samimi bir şekilde ifade etmemiz profesyonel ve günlük ilişkilerde bizi çekici hale getirir. İnsanlar bu özelliklere sahip insanlarla zaman geçirmeyi ve çalışmayı severler. Çok şükür ki bu kadar çok sevilmemdeki en büyük etkenlerden biri de bu özelliğim.

Ayrıca içten ettiğimiz bir iltifatla içimizi mutluluk kaplar ve daha eğlenceli, daha keyifli bir moda geçeriz.

İnsanları takdir etmeyi alışkanlık haline getirmek, insanlarda var olan olumlu her şeyi yeniden keşfetmeyi sağlar. İnsanlarla ilgili pozitif düşüncelerimizi sansürlediğimiz zaman onları övmek, olumlu yanlarını takdir etmek çok zor olur. Evde, işte, sokakta, otobüste, hayatın her alanında günde sadece birkaç dakikamızı bu işe ayırıp insanlara iltifat ederek veya onları takdir ederek güzel bir başlangıç yapmamız kaçınılmaz olur.

İnsana değer vermek önemlidir. Ben yüzeysel yaklaşmak yerine karşımdaki insanı gerçekten neyin mutlu edeceğini derinlemesine düşünürüm. Kişisel özellikleri neler, tutkuları neler, bunlara kafa yorarım... İltifat etmek ne sonuç doğurursa doğursun, hem kendimi hem de karşımdakini mutlu hissettirir.

Sevdiklerimize fısıldayarak sevgi sözcükleri söylerken, olumsuz duygularımızı bağıra çağıra ifade ederiz kavgalarda. Nedeni basit aslında. Olumlu duygularda etkileşimde olan kalplerken, olumsuz duygularda kişi iletişimden kopar, kalpler öfkeyle birbirinden uzaklaşır, kişi kendini duyurmak için sesini yükselttikçe yükseltir. Sevginin sessiz gücü, olumsuzun kulak tırmalayan sesini her zaman bastırır. Mutluluk yolculuğumda amacım olumluyu kullanmak oldu hep. Öyle ki birbirini gerçekten seven ve birbirine güvenen insanlar kimi zaman sözcüklere bile ihtiyaç duymaz.

Mutlu Ol, Mutlu Et!

Kendimi mutlu etmenin en iyi yollarından biri başkalarını mutlu etmek, başkalarını mutlu etmenin en iyi yollarından biri de benim mutlu olmam.

Mutlu olmak özgüven gerektirir. İnsanlar bir yandan bu enerjinizden yararlanmak ister, diğer yandan mutlu olmanızdan rahatsızlık duyarlar. Kimse mutlu insanın duygularına fazla dikkat etmez ya da onu neşelendirmeye çalışmaz. Mutluluğu doğal göründüğü için de takdir etmez. Aslında tam aksine ciddi olmak kolaydır, neşeli olmak ise zor. Sürekli olumlu olmak, iyi huylu olmak aslında büyük çaba gerektirir. Mutlu olmayanlar bir taraftan neşenizi, mutluluğunuzu emmeye çalışır. Hatta onları eğlendirmenizi, sıkıntılarını gidermenizi beklerler. Aynı zamanda doğalarındaki karanlık yüzünden mutluluğunuzu, neşenizi kaçırmak isterler. Bunun için de keyfinizi kaçıracak eleştirilerde bulunurlar. Onların asıl işi bu olduğundan genellikle nokta atışı yaparlar.

Mutluluk, enerji ve disiplin ister. Mutsuzluk içinde sıkışıp kalmış insanların mutsuzlukları hem etraflarındakilere ayak bağı olur hem de olumsuz duygular olumlu duygulardan daha güçlü çalıştığı için mutsuzluklarının içinden bir türlü çıkamazlar.

Oturduğun yerden mutlu olmayı istemek yeterli değildir. Mutluluğa giden yolda ilerleyebilmek için sevgiyle hareket etmek gerekir. Hoşuna giden bir hobi bulmak, istediğin işte çalışmak gibi, mutluluk adına her ne gerekiyorsa onun için gayret göstermek gerekir. Sonuçta kısmete hizmet etmek şarttır. Ve tabii mutlu olduğunu düşünmek gerekir. Çünkü mutlu olduğunu düşünmeyen insan mutlu olamaz. Ben en mutsuz ânımda bile mutlu olmaya ve mutlu görünmeye özen gösteririm bu yüzden.

Çok mutsuz olduğum bir gün yolda yürürken bir kadınla karşılaştım. Beni durdurdu ve "*Ah kızım, seni seyredince bütün dertlerimi unutup bir anda kendimi mutlu hissediyor, seninle kahkahalar atıyorum. Allah senden razı olsun,*" dedi. O gün o kadar kötüydüm ki, dayanamayıp "*Teyzeciğim, peki beni kim mutlu etsin?*" diyerek ağlamaya başladım. Yazık, kadın ne yapacağını şaşırmıştı. Şimdi bakıyorum da ne kadar yanlış davranmışım. Ne gerek vardı o insanı üzüp mutsuz etmeye. O günden sonra kendi mutluluğumun başkasını da mutlu edeceğinin bilinciyle mutlu davranma konusunda daha fazla çaba göstermeye başladım. Yapmacık görünmek değildi amacım. Bunu kendim için yapmalıydım, çünkü nasıl hissedersem öyle olurdum, ayrıca birini mutlu ettiğim zaman ne kadar mutlu olduğumu biliyordum. Tiyatro oyunum bunu daha güçlü bir şekilde deneyimlememe vesile oldu. En yorgun, en halsiz olduğum gün bile seyirciler kahkahaya boğuldukça enerjim yükseliyordu. Yorgunluğumdan eser kalmadan büyük enerjiyle çıktığımı bilirim oyunlardan. Böylelikle doğru yolda olduğumu kendime bir kez daha teyit etmiş oluyordum.

Ufak tefek şeylerin mutluluğumu kaçırmasına izin vermemeye karar verdim. Görmezden, duymazdan gelmeye ya da öyle bir şey hiç yokmuş gibi davranmaya başladım.

Mutluluk yolculuğuma karar verdiğim günlerde bir erkek arkadaşım vardı. Tamamen eril enerjide olan, enteresan bir insandı. Bir akşam sohbet ederken beğendili kebabı çok sevdiğini söyleyince ben de "*Bana iki gün ver, nasıl yapıldığını öğrenip sana yapacağım. Cuma akşamı seni yemeğe bekliyorum,*" dedim. Teyzem beğendili kebabı enfes yapardı. Hemen, "*İncoş, cuma günü beğendi yapmam lazım, benimle tarifini paylaş lütfen,*" diye telefon açtım. Amacım erkek arkadaşımla romantik, mükemmel bir gece geçirmekti. İncoş tarifi verdi, Facetime eşliğinde yemeği yaptım. Müthiş bir sofra kurdum. Şömineyi ve mumları yaktım, kırmızı şarabı açtım. Ardından erkek arkadaşım geldi. Biraz sohbetten sonra "*Hadi yemeğe geçelim,*" dedim. Ne dese beğenirsiniz: "*Ben yemekten geliyorum, tokum. İstersen sen ye.*" O anda iki seçeneğim vardı: Ya kavga edip planlamış olduğum ve bütün gün boyunca hazırlandığım geceyi kendime zehir edecektim ya da gecenin tadını doyasıya çıkaracaktım. Ben tabii ki ikinci seçeneği seçtim. Ve ona dönüp "*Yapma ya, bari bir çatal al da bak bakalım yapabilmiş miyim?*" dedim. Adam şok oldu. "*Sen ne biçim bir kadınsın, bunu başkasına söylesem kıyamet kopardı,*" deyip şaşkın bir şekilde bakakaldı. Vermiş olduğum bu cevapla kazanan ben oldum ve planladığımın da ötesinde hâlâ tatlı bir tebessümle hatırladığım muhteşem bir gece geçirdim. Merak ediyorsanız, beğendiyi de bayıla bayıla yedi o kişi...

İyi İnsan Her Zaman Mutlu Değildir Ama Mutlu İnsan Hep İyidir!

Hisler hatırlanır. Çok şükür, milyonlarca insana hissettirdiğim duygu mutluluk oldu yıllardır. Onları tanımasam da, beni sadece ekrandan tanımış bile olsalar, beni gördüklerinde veya herhangi bir şekilde benden bahsedildiği zaman yüzlerinde hep o tebessüm olur. Geçenlerde bir izleyicimden gelen mesajın bende yarattığı mutluluğu tarif edebilmem öyle zor ki... Mesajında iki yıldır kanser hastası olduğundan, bu hastalıkta en önemli şeyin de moral olduğundan bahsetmiş ve son bir yıldır da morali yerine gelsin diye telefon ekranına benim fotoğrafımı koyduğunu, telefonu eline her aldığında moralinin düzeldiğini söylemiş ve "İyi ki varsınız" diyerek varlığıma teşekkür etmişti. Mesajı okuduğumda gözlerimden yaşlar süzülmüştü ve ne kadar eşsiz bir duyguydu bu. Bu duyguyu hayatımın her alanına yayabilmek için neler yapmam gerektiğini düşünmeye koyuldum hemen. Etrafımdaki insanların kendilerini daha iyi hissetmeleri için başka neler yapabilirdim?

Aslında mutluluk yolculuğumda bu amacıma da bir nevi hizmet etmiş oluyordum. Çünkü başkalarını mutlu etmenin en iyi yollarından biri, benim mutlu olmamdı. Mutlu insanlar daha eğlenceli, daha bonkör, daha anlayışlı olurlar. Ve ben de mutlu olarak, başkalarının da mutlu olmasına katkıda bulunuyordum aslında.

"*Bayan Kahkaha*" ve "*Türkiye'nin Serotonin Simgesi*" olarak sevilme ve kabul edilme nedenim, neşeli ve coşkulu olmam, hep bu şekilde davranmam, böyle olmakla da insanların içlerinde gizli olan mutluluğun açığa çıkmasını tetiklemem belki de.

Daha önce okuduğum ve hoşuma giden bir araştırmayı hatırladım bu döngüde. Amerikalı bilim insanı David Hawkins'in yaptığı tablo. Buna göre yüksek frekanslı duygu ve düşünceler, düşük frekanslı duygu ve düşüncelerden daha güçlü ve etkilidir.

Pozitif ve her şeyi olduğu gibi kabullenen mutlu bir insanın yaydığı enerji 90.000 insanın yaydığı düşük enerjiyi dengeliyormuş. Sevgiyi gerçek anlamda yaşayan bir insanın yaydığı enerji ise 750.000 insanın yaydığı düşük enerjiyi dengelemekteymiş. Barış ve huzur içinde yaşayan bir insanın yaydığı enerji de 10 milyon insanın yaydığı düşük enerjiyi dengelemekteymiş.

Demek ki en küçük şeyle mutlu olmak, kendin dahil yaydığın enerjiyle birçok kişiyi de mutlu etmek anlamına geliyor. Mutlu olmak ve mutlu hissetmek hafife alınmamalı. Yaşadığımız şehri, ülkeyi ve dünyayı iyileştirmenin bir yolu da mutlu olmaktan geçiyor.

Sırf başkası mutsuz diye mutlu olmayı reddeden insanlar da var hayatımızda. Oysaki mutsuzluğunuz kimseyi daha mutlu etmiyor. Tam aksine mutsuz insan kendi karanlığında yalnızken ve kimseye bir faydası yokken, mutlu insan başkalarına yardım etmeye çok daha açık.

Ben her zaman mutluluğu seçiyorum.

Gerçek dostlarımla daha çok vakit geçirip kontrolsüz enerjili kişilerle arama mesafe koyunca kendi istediğim titreşime ulaştım. Hayattan beraberce zevk aldığımız kişilerle yaşadığımız güçlü ilişkilerin bunalım riskini azalttığını, hatta bağışıklık sistemini güçlendirdiğini artık biliyorum. Herhangi bir şekilde denemiş olduğu yolun benimkinden daha mantıklı ve dolayısıyla çok daha iyi olduğuna inanan kişilerin getirdiği baskıya, yaşamımı yönetmeye çalışmalarına veya bu konudaki fikirlerine, sırf onlarla geçinebilmek uğruna, ruhuma ters düşecek bir biçimde davranmaya çalışarak, tam ve sınırsız özgürlüğümden ödün vermeme gerek kalmamıştı. Hayatımda nasıl bir enerji, nasıl insanlar istiyorsam o insanları daha hoş tutmalıydım. Bana ne hissettirmelerini istiyorsam, onlarda da aynı hisleri uyandırmalıydım. Böylelikle mutluluğumda ya da olası mutsuzluğumda yanımda olmalarını dilediğim kişiler artık gerçekten hayatımdaydı.

ÜÇÜNCÜ DÖNGÜ

ÖNCE KENDİNİN FARKINDA OL!

- Hayır Demeyi Öğren!
- Dedikoduyu ve Yargılamayı Bırak!
- Başkalarına Destek Ol, Duygu Bonkörü Ol!
- Hoşgörülü Ol!

Geçmişe dönüp geçmişimi değiştiremeyeceğimi biliyordum, ancak şu anda, olduğum yerden adım atmaya başlarsam, geleceği değiştirebileceğimin farkındaydım. Eski yöntemlerin yeni kapıları da açmayacağı bir gerçekti. Eğer davranışlarımı değiştirmezsem her seferinde aynı sonuçları elde etmeye kendimi mahkûm etmiş oluyordum. Bunun için bir liste çıkardım. İlk maddem zoraki evetlerdi, mecburi onaylamalardı.

Hayır Demeyi Öğren!

Hayatta her şeyin bir alternatifi vardır. Alternatifi olmayan tek şey ise kendinsin. Onun için kendimin kıymetini bilmeli, keyfime bakmalıyım dedim. İçimden gelmeyen bir şeyi yapmaya mecbur edildiğimde kendime ihanet ediyormuşum gibi hissediyor, öfkeleniyor ve hiç olmayacak bir yerde patlayıveriyordum. Ne gerek vardı ki kendime bunu yaşatmaya. İstemiyorsam ve içim istenen karşısında sıkılıyorsa "hayır" diyebilmeliydim. İlk başlarda insanlar çok yadırgamışlardı. Alışmadıkları için her "hayır" dediğimde şaşırdılar. Bense istemediğim şeylere her "hayır" deyişimde rahatladım.

Bunun, yani "hayır" demenin, hayatımda başka kapıları açtığını da gördüm. Daha geniş bir çerçeveden baktığımda bu kalıplaşmış bir davranış şeklinin kırılmasıydı aslında. Böylelikle hayatımdaki bazı döngüler, devamlı tekrarlanan şeyler de kırılıp dökülecekti. İlk başta bozulmalarına, yadırgamalarına rağmen zaman içinde etrafımdaki insanların davranışlarının değiştiğini fark ettim. Bana karşı "*Sen çok değiştin. Hayırdır?*" tarzı söylemlerin yerini zamanla saygı ve kabullenme aldı. Beni olduğum gibi kabul etmeye başlamışlardı. Bunun gerçekleşmesi beraberinde sevgi, saygı ve hoşgörü ortamını getirmişti.

İyi bir dinleyici olduğum ve önsezilerim de kuvvetli olduğu için, bunu bilen bazı arkadaşlarım bana özellerini anlatmaya, özelleri hakkında fikir sormaya bayılırlar. Önsezileri kuvvetlendirmek aslında zannettiğimiz kadar zor değil. Ânın farkında olmak, merkezde olmak, yalnızca bakmak değil aynı zamanda görmek... Farkındalığımı, okuduğum kitaplara ve katıldığım seminerlere borçlu olduğum kadar, yaşadığım her ânı farkında olarak yaşamama da borçluyum.

"Hayatta hiçbir şey tesadüf değildir" sözüne çok inanırım. "*Hayır demek, hayırlıdır*" formülünü hayatıma geçirdiğim dönemde çok sevdiğim bir kız arkadaşım aradı. Benimle konuşmak istediğini, içinden çıkamadığı bir durum olduğunu ve bunu benimle paylaşmak istediğini söyledi. İki gün sonra buluştuk. Çok keyifli bir akşam yemeği yedik ve orada bana hayatına girmeye çalışan bir adamdan bahsetti. Adamın ona inanılmaz ilgi gösterdiğini, ancak adamın evli olduğunu ve boşanmaya çalıştığını, hatta çok yakında evi ayırarak bu işlemleri başlatacağını söylediğini anlattı. Adam ona o kadar ilgi ve şefkat göstermişti ki, bizim kızın aklı ister istemez adama kaymaya başlamıştı. Bundan yıllar önce yine böyle bir ilişki yaşamıştı ve sonucu da onun için çok acı olmuştu. "*Sana bütün içimi döküyorum, ama sen bu enerji işlerini iyi biliyorsun, neden hep böyle adamlar beni buluyor, neden bunları hayatıma çekiyorum?*" diye bana dert yanmaya başladı. Ben de ona çok net bir şekilde, "*Bak, ben senin hayatına karışamam, bunların hepsi senin deneyimin. Daha öncekinde de deneyimlemen gerekiyordu ve o zaman o kadar âşıktın ki ben bazı şeyleri yüzüne söyledikçe benimle görüşmelerini kesmiştin. Şu anda yolun başındasın, âşık değilsin ama ufak ufak bu adam senin aklına, buradan da eminim kalbine girecek. Yol yakınken onunla görüşmeyi kes, ona hayatında bu şekilde bir ilişki istemediğini söyle. Hâlâ ısrarcı davranırsa engelle adamı. Bu sefer hayır dersen o döngüyü kıracağına ve bundan sonra doğru insanı hayatına çekeceğine inanıyorum. Kısacası bu kendi hayatın üzerinde deney yapmak gibi bir durum. Çok değerlisin. Bu şekilde davranarak, ikinci kadın olmayı kabul ederek bilinçaltına baştan 'Ben değersizim' mesajını veriyorsun. Tek bir 'Hayır, ben bu işte yokum' cümlesiyle hem bu döngüyü kırabilirsin hem de kendini yeniden değerli hissetmeye başlayabilirsin,"* dedim.

Sonra da hoşlanmadığım bir konu olduğu ve bu muhabbetin uzağında kalmayı seçtiğim için arkadaşımı arayıp sormadım. O da beni aramadı.

Aradan tam iki ay geçti. Bir akşam, bir gece kulübünde rastladım arkadaşıma. Sımsıkı sarıldık, öpüştük. Sonra yanındaki adamla tanıştırdı beni. Kulağıma eğildi ve "*O geceki konuşmamızdan sonra hayatımın aşkını buldum. O evli adamı reddettim, onu hayatımdan tamamen çıkardım. Tam üç hafta sonra da işte bu adamla, sevgilimle tanıştım. O günden beri midemde kelebekler... O kadar mutluyum ki, seni arayıp bunları anlatacak vaktim bile olmadı,*" dedi. Minik gibi gözüken bir "hayır" cevabı yıllardır yaşadığı o döngüyü kırmasına yetmişti ve hayatının aşkını bulmuştu.

Eve dönünce kafamı yastığa koydum ve dedim ki: *Önümüze çıkan yanlışa ne kadar çabuk hayır diyebilirsek, doğru karşımıza o kadar çabuk çıkar.*

Dedikoduyu ve Yargılamayı Bırak!

Mecburi evetler üzerimizde ne kadar baskı yaratıyorsa dedikodu yapmak ve yargılamak da o kadar zarar veriyor aslında. Ne kadar eğlenceli olsa da, ne kadar sosyalleşme aracı olarak düşünülse de, insanları birbirine daha yakın hissettirse de, dedikodu yapmak aslında kendimize zarar verdiğimiz bir eylemdir. Hayat haberdir, fakat haberin içine yorum katılırsa, ki bu hep böyle olur, o zaman o haber haber olmaktan çıkar, dedikoduya dönüşür. Dedikodunun da türleri vardır kendi içinde. Çoğunluğu hasetten doğan dedikodudur. Ayşe'nin çantası, Fatma'nın tektaşı, Ali'nin arabası, bilmem kimin ne kadar kazandığı gibi haberler hasetten yayılır daha çok. Hayatım boyunca hiç kimseyi kıskanmadığım için bu tarz dedikodu yapan arkadaşlarım çok şükür beni dedikodu yapmak için tercih etmezler. Birisi, "*Ay gördün mü, Fatma'nın yeni tektaşı bilmem kaç karat,*" dediğinde, "*Aaa, ne güzel, Allah daha da versin inşallah!*" derim ve o konu orada kapanır. Diğerleri gibi olayı köpürtmediğim, "*Aaa, kim almış?*" veya "*Nerden bulmuş parayı? Ay acaba kocasını birisiyle yakaladı da kocası kendini affettirmek için mi aldı?*" gibi sorulara da tenezzül etmediğim için insanlar benim yanımda pek keyif almazlar dedikodu yapmaktan. Ama kendi aralarında saatlerce konuştuklarını tahmin edebiliyorum.

Kim neye sahipse sahiptir. Benim için önemli olan benim olandır. Yani şimdi o kadının veya şu adamın parasını saatlerce konuşunca o para benim hesabıma mı geçiyor? Hayır. O yüzük benim parmağımda mı oluyor? Hayır. O evde ben mi oturacağım? Hayır. E o zaman ne diye çenemi yorayım! "*Allah daha da versin*" der, geçerim. Esasında birisi gibi olmaya çalıştığında dolaylı yoldan şimdiki kendini yargılıyorsun. Kendini engelliyorsun, kendi kendini sabote ediyorsun. Olmak istediğin kişi olabilmen için çokça aynı aileden gelmen, aynı gelenek görenek, aynı deneyimlerden geçmen lazım. Sonuçta Tarkan'ın söylediği gibi, *başkası olma, kendin ol.* Hem böylesi daha kolay üstelik.

Hayatımda kimseyi kıskanmadım demiştim, ama yalan yok, bir kere kıskandım. Eski sevgilimi. Ve bu duygunun, yani kıskançlık duygusunun bende olmasına o kadar sinirlenmiş, bu duyguyu kendime o kadar yakıştıramamıştım ki, herhangi bir sebep göstermeden, sırılsıklam âşık olmama rağmen sevdiğim kişiyi terk ettim.

Bunu neden söylemedim diye yıllarca içim içimi yedi. Çat kapı çıkıp gitmek daha kötüydü. Sonuçta bir ilişkimiz vardı ve ben sebepsiz çıkıp gitmiştim adamın hayatından. Yıllarca rüyalarımda hep ona neden gittiğimi, aslında onu nasıl kıskandığımı ve bu hissi kendime hiç yakıştıramadığımı söyleyip durdum. Her uyandığımda "Yine rüyaymış" deyip hayal kırıklığı yaşadım. Ona bunu itiraf edebilecek gücü kendimde tam on yıl sonra buldum. Bir akşam karşılaştığımız yemekte ona itiraf ettim. "*Neden şimdi?*" dedi. Rüyalarımdaki itiraflarımı anlattım ve onu hâlâ sevdiğimi söyledim. Sarıldık birbirimize, koklaya koklaya. Beni arayacağını söyledi. Birkaç gün sonra da aradı. Beni tekrar hayatına sokup hayatını ikinci kez mahvetmek istemediğini söyledi. On yıl sonraki itirafım beni rahatlatmıştı, ama belli ki onda başka duygular uyandırmıştı. Saygı duydum, ilk ve tek kıskandığım adam olarak kalbimde hep özel bir yerde duracağını söyledim ve ikimiz de kendi yolumuza devam ettik.

Konuma geri dönersem, Ayşe ile Ali yakalanmış veya birbirini aldatmış gibi dedikoduları dinlemeyi, hatta sözü edilen olaylardan eminsem yaşanılanları anlatmayı (ama asla yorum yapmadan) veya gelişmeleri takip etmeyi hep severdim. Hâlâ da sevmeme rağmen artık konuşmamaya karar verdim. Konuştukça her ne kadar yorum yapmasam da o kişi veya kişileri yargıladığımı fark ettim. Ben kimim ki başkasını yargılıyorum dedim. Herkesin hayatı kendisine ait. Her yargımın altında kendi algımın olduğunu fark etmiştim. Eğer birini yargılıyorsam, kendimle ilgili o algıya sahip olduğum için bunu yapıyordum, yani kendi algılayış biçimimi o kişiye yüklüyordum. Yargıladığım her kişide dönüp kendime, "*Neden bu kişiyi yargılıyorum?*" diye sordum. Kendimi keşfetme yolunda müthiş bir açılım olmuştu benim için. Sonra yargıladığım her kişinin kim olduğunu, hayatında neler yaşadığını anlamaya çalıştım, yani empati yapmaya başladım ve yargılamamayı öğrendikçe daha da merhametli oldum. İnsanların neler yaşadıklarını, bu hallere nasıl geldiklerini, hangi yollardan geçerek kendileri olduklarını bilemeyiz. Tek bildiğim, gördüğüm şeydir, o da benim algıladığımdır. Böyle böyle empati kurmaya başladıkça insanlara karşı koşulsuz sevgi hissetmeye başladım.

Büyük konuşma, başına gelir sözü de çok sevdiğim ve inandığım bir sözdür. Aslında yargılamayı çok uzun zaman önce bırakmamın sebebi de yargıladığım şeylerin başıma gelmesinden korkmamdı. Korktuğu şeyi yargılar insan ve maalesef ki korktuğumuz, en çok odaklandığımız şey her neyse onu hayatımıza çekeriz, tıpkı büyüklerimizin söylediği gibi. Korku enerjisi en güçlü enerjidir, çünkü karanlıktır. Yaratım enerjileri iyi-kötü, doğru-yanlış ayırt etmez. En çok odaklanılan neyse ona yönelir. Korktuğumuz şeyler de onun için başımıza gelir, çünkü korku, bir şeye odaklanmak için çok büyük sebeptir.

Bir gün kardeşime aldığım kararlarla kendimi eğittiğimi, hâlâ da eğitmeye çalıştığımı ve insanları oldukları gibi kabul etmeye başladığımı anlatırken, her zamanki objektifliğiyle döndü bana dedi ki, "*Ya seni eleştirenleri, yargılayanları ya da kıskananları ne yapacaksın?*"

Çok güzel bir soruydu, bunu hiç düşünmemiştim. Döndüm ve dedim ki, "*Seçimlerimin bedelini sadece ve sadece ben öderim. Bana akıl verenler, beni yargılayanlar veya eleştirenler değil. Bu hayat, benim hayatım ve ben benim. Bundan sonra birinin beni yargıladığını duyarsam açarım telefonu; Ekmeğimi sen mi veriyorsun, suyumu sen mi içiriyorsun ki bu hakkı kendinde görüyorsun; derim. Hatta bu sebep bile karşındakine bu hakkı vermez. Zaten en büyük günahlardan biri bir insanı yargılamaktır. Kıskançlık içinse yapabilecek bir şey yok. Birinin birini kıskanması, çok iyi ve başarılı olduğunun kanıtıdır. Başarısızlar hiçbir zaman kıskanılmazlar. İlk önce eleştirirler, sonra da kıskandıkları kişi olmaya çalışırlar. Kıskanmak, yargılamak gibi olumsuz duyguları kendimden uzaklaştırıyorum ve bu duygular içinde olanlara da; Seni seviyorum, çünkü sen de benim gibi yaratıldın diyorum."*

Başkalarına Destek Ol
Duygu Bonkörü Ol!

Dedikodu ve yargılamayla geçen zamanı başka şeylerle doldurmak kolay... İyilik yapmanın beraberinde mutluluk getirdiği ve başkalarının iyiliği için hareket ederken aslında kendimizi mutlu ettiğimiz söylense de bana göre esas olan, koşulsuz, hiçbir beklenti olmadan yapılan iyiliktir. İstisnasız herkes iyilik yaptığını zanneder. Bu da genelde ihtiyacı olana verilen maddi destek olarak algılanır. Benim bahsettiğim ise maddi desteğin yanı sıra yapılan manevi destek. Hayali iyilik sıkıcıdır, gerçek iyilik ise her zaman büyüleyicidir; bu iyiliği yapan her kim olursa olsun. Başkalarına destek verdiğim zaman hissettiğim mutluluk, birilerinden destek aldığımda hissettiğim mutluluktan çok daha fazla tatmin edici.

Televizyon programlarım aracılığıyla da aslında fark etmeden birçok kişiye destek oluyordum. Ekran başındaki birçok kişi, ilginç insanları bir araya getirip onlarla kameralar önünde sohbet ederken hayatlarında bambaşka kapıların açıldığını defalarca paylaşmıştı benimle. Aslında izleyiciler neyi duymaya ihtiyaçları varsa konuk ettiğim kişilerin cümlelerinden onları seçip alıyordu.

Arkadaşının aldığı herhangi bir kararda, yaptığı herhangi bir şeyde onu yargılamamak, hayatında yapmak istediği bir şeyde ona cesaret vermek her şeyden daha önemlidir.

Maalesef çoğumuz cesaret fakiriyiz. Büyük düşünmek için adım atmaya, güvenli limanı terk etmeye korkarız. Başta da söylediğim gibi, "*Kıyıdan uzaklaşmaya cesaretin yoksa okyanusları keşfedemezsin.*" Kendi hayatımda bunu çok sık uygulamama rağmen başkası atmak istediği bir adımla ilgili bana fikrimi sorduğunda daha temkinli davranıyordum. İyi olursa Allah'tan, kötü olursa benden bilmesin diye belki de.

Kendi kararlarımda cesur olmamı ve kendi kararımı kendim vermem gerektiğini çok genç yaşlarda annem öğretmişti bana. Dikte ederek değil, sadece ona danıştığım bir konuda ettiği tek bir cümleyle öğretmişti üstelik. Hiç unutmuyorum, yatak odasındaydık. Annem dolabını toplarken ben de bir taraftan onu seyrediyordum. Diğer taraftan da sorumu sorabilmek için kıvranıyordum. On sekiz yaşındaydım. Bir çocuğa platonik olarak âşıktım ve o benim farkımda bile değildi. Diğer yandan bana deliler gibi âşık ve peşimde olan öteki çocuk vardı. Bir gün belki beni fark eder diyerek ya platonik aşkımı bekleyecektim ya da diğerine bir şans tanıyıp onu tanımaya çalışacak, kararımı da ona göre verecektim. Hangisi doğruydu acaba?

Sonunda cesaretimi toplayıp "*Anne, sana bir şey danışmam lazım,*" dedim ve içinde bulunduğum durumdan bahsettim. Ardından da "*Sen benim yerimde olsan ne yapardın?*"

diye sordum. Beni büyük bir sabırla dinlemişti. Sonra birden bana dönerek, "*Bu hayat senin hayatın ve bu hayatta kendi seçimlerinin olması gerekir. Bana düşen, seçimlerinde ve verdiğin kararlarda sana destek olmaktır. Bil ki neyi seçersen seç, ben senin annenim ve her kararında sana destek olacağım,*" dedi.

Şimdi bu zamandan bakınca genç aklıyla sorulmuş, şu an anlatırken bile güldüğüm saçma bir soruydu. Ama gelgelelim karşılığında almış olduğum cevap, hayatımın pek çok ânında kulağıma küpe olmuştu.

Üzülerek görüyorum ki çoğu insan korkuları, endişeleri, gelecek kaygıları olduğundan ve kendilerini güvende hissetmediklerinden, aynı zamanda büyük resmi de göremediklerinden, yapma arzusunda ya da hevesinde oldukları şeyleri erteliyor. Her zaman neden yapmadım diyeceğime, yaptım ve gördüm demeyi tercih edenlerdenimdir. Herhangi bir şeyi denemeden onun sonucunu bilemeyiz.

Bir gün yıllardır konuşmadığım çok eski bir arkadaşım aradı. Telefonda biraz sohbet edip hayatlarımızla ilgili birbirimizi güncelledikten sonra benim hislerime çok güvendiğini ve bana bir şey danışmak istediğini söyledi. İşiyle ilgili çok önemli bir karar vermesi gerekiyordu, ama bu kararı alacak cesareti yoktu. Aslında iç sesini dinlese, ona yapması gerekeni zaten söylüyordu ve daha bana anlatırken kurduğu cümlelerden ne karar vermesi gerektiği de belliydi. Benim yapmam gereken şey, bir dost olarak onun bu sesi duyabilmesini sağlamaktı. Güven verici sözlere ve heveslendirilmeye ihtiyacı vardı. Çalıştığı şirket onu Londra'ya göndermek istiyordu, ama o hem ailesi burada olduğu için hem de burada kalırsa zamanla daha iyi bir pozisyona yükselebileceğine inandığı için kalmak istiyordu. Yani bir yanı karşı koyarken bir yanı ister haldeydi. Kritik bir karar alması gerekiyordu.

Ona, "*Burada kalırsan en kötü ne olur?*" diye sordum. Cevabını verdikten sonra da "*Londra'ya gidersen en kötü ne olur?*" dedim. Kendine göre onun da cevabını verdi. Her iki durumda da "*Sen sensin. Kendin olmaktan hiçbir şey kaybetmeyeceksin,*" dedim. "*Çok basit ve magazinsel anlatayım. Brad Pitt, Angelina Jolie onu bıraktıktan sonra Brad Pitt'liğini kaybetti mi? Hayır. O yine Brad. Sen hangisini seçersen seç, yine sensin. Biz yine seni seveceğiz ve sen yine var olacaksın. Karar vermek uzunmuş gibi görünse de aslında bir saniyedir. Şimdi elinde tuttuğun ahizeyi kapa ve bir saniye içinde nereyi araman gerekiyorsa ara, kararını bildir.*"

Ve o da verdiğim bu güvenle kararını bildirdi ve Londra'ya gitti. İki sene sonra Türkiye'ye o şirketin CEO'su olarak geri döndü.

Hoşgörülü Ol!

Çabuk parlayan biri olduğumdan, karşımdakine bazen istemeden de olsa kabalık edebiliyorum.

Bir gün canlı yayın sırasında, bin bir torpille programa gelmiş konuğun cep telefonu çalınca bütün kan beynime hücum etmişti. Programımın günlük akışı, ona göre konuk listem ve tutturmayı hedeflediğim bir reyting vardı. Reytingimi düşüreceğini bildiğim bir kişinin zorla programa gelmesi sinir sistemimi bozduğu gibi üstüne telefonunun çalması öfkemi kusmak için bahane olmuştu. Reklam arasında döndüm, "*Hem programıma gelmek için araya nice torpiller koyuyorsunuz hem de telefonunuzu kapatmayacak kadar saygısızsınız!*"

deyiverdi bir anda. Konuğum da bana yayına çıkmadan önce çocuğunun ateşinin çıktığını haber aldığını ve ateşinin düşüp düşmediğini öğrenebilmek için de telefonunu açık bırakmak zorunda kaldığını belirtince düşüncesizlik ettiğimi söyleyip özür diledim. Bu ders bana hoşgörülü olmayı, empati kurmayı öğretmişti. Bu anım aklıma gelince mutluluk planıma "hoşgörülü olmaya özen göster" maddesini ekledim. Sevecenlikle açıklama aramaya, yani hoşgörüye gerektiğinden daha fazla önem vermeye başladım.

"Ben yaparsam haklıyım, çünkü bir sebebi var, karşı taraf yaptıysa haksızdır" düşüncesi maalesef hepimizde var. Nedense başkalarının eylemlerini onları etkileyen koşulları göz önünde bulundurmadan, sadece kişiliklerinin yansıması olarak görürüz. Alınganlık göstermemek ve sevecenlikle açıklama aramaya çalışmak aslında olgunluğun göstergesidir. Sevecenlikle açıklama aramak, insanlara karşı hoşgörülü olmanın da bir yoludur.

Herkesin yaşamı, dışarıdan göründüğünden çok daha karmaşıktır. Karşımızdakinin o anda ne derdi, ne sorunu, ne sıkıntısı olduğunu bilemeyeceğimize göre ona karşı hoşgörülü olmak zorundayız. Bu kararımla beraber etrafımdakilere anlayışla davrandıkça hayatın daha da kolaylaştığını, zorlayıcı enerjilerin ortadan kalktığını fark ettim. Artık o eski parlamalarım ve öfkelerim azalmış, içimden akan sevgi enerjisini daha net hissedebilir olmuştum.

Kendimin, ânın, özümün farkında olup bu farkındalık halini yükseltince, çevremdeki her şeyin farkındalığı da kolaylaştı ve hızlandı. Küçük dokunuşlarla büyük değişimler olumsuzlukları hayatımdan çıkardıkça oldu. Mecburi evetleri, dedikoduyu, yargılamayı uzaklaştırdıkça farkındalık da beraberinde arttı.

Kimi zaman hayır diyemediğim noktalar da oldu elbet, ama bunlarda da kendimi affetmeyi öğrendim. Hâlâ sinirlendiğim, üzüldüğüm şeyler oluyor, ancak empati yaparak, karşımdaki kişiyi daha iyi anlamanın yollarını bulmaya çalışarak, daha hoşgörülü bakarak dünyaya bu anları da hakkını vererek yaşamaya gayret ediyorum. Sevgi enerjisini her şeyin merkezine koyarak...

Mutluluk yolculuğuma başladığım anda bu noktaya kadar hayatımda irili ufaklı birçok şey değişmişti. Daha iyi uyuyordum, kilo vermiştim, olumsuzluklardan uzaklaşıyordum. Kararlarıma uyarken öfkelendiğim ya da yargılamaya yöneldiğim anları fark ediyordum bir yandan da. Şüpheye düştüğüm, mutluluğumu sorguladığım kimi anlar da oluyordu. Koyduğum kuralların katı geldiği anlar da oluyordu. Hoşgörülü olmak, kusurlarımın farkına varmak kısa vadede mutluluk getirmese de uzun vadede daha iyi davrandığımdan daha mutlu olacağımı biliyordum. Yorgunluklarımı da böylece kabul ediyordum.

DÖRDÜNCÜ DÖNGÜ

DERİN DÜŞÜN!

Hayatın Planına Teslim Ol!

- Hayatın Planına Teslim Ol!
- Şükret!
- Takdir Etme Oyunu

Bazı aileler vardır, gerçek acıyı zamanı gelen aile bireylerini toprağa verdiklerinde yaşarlar. Yani hayat onlar için acısızdır. Bizimki gibi nadir bazı aileler de zor günlerle dolu hayatlar yaşar. Yapacak bir şey yoktur, bu hayatın bir planıdır. Yine de hayat bize sunulan en büyük armağan.

Travmalar ve trajediler yaşamış bir aile. Aysbergin görünmeyen yüzünde Kurtuluş Savaşı sırasında kocası düşmanla çarpışırken karnında anneannem, kucağında ise diğer kızıyla bir kağnı arabasıyla İzmir'den Antalya'ya kaçarak kendini ve kızlarını kurtarmış, evi ve bütün eşyaları düşman tarafından yakılmış bir büyükanne...

Düşmanın denize dökülmesiyle kocasının yanına İzmir'e döndüğünde anneannem dünyaya geliyor. Aradan yıllar geçiyor, çok güzel ve çok alımlı bir genç kız olan anneannemle mübadele döneminde Selanik'ten Urla'ya göç eden dedemle büyük bir sevgiyle evleniyorlar.

En büyükleri annem olmak üzere dört kızları oluyor. Dördüncüde de erkeği bulamayınca dedem pes ediyor. İzmir'in en itibarlı, en varlıklı işadamı olmasının yanı sıra annem ve büyük teyzemi İsviçre'de okutacak kadar vizyon sahibi ayrıca.

İşte her şey İsviçre'de başlıyor. Üniversite eğitimleri sırasında annem babamla tanışıyor ve büyük bir aşkla evlenmeye karar veriyorlar. Olacaklardan habersiz ilk adımı atıp nişanlanıyorlar.

Annem, dedem ve anneannem bir gün İzmir'den Ankara'ya gitmek üzere yola çıkıyorlar. Arabayı annem kullanıyor ve korkunç bir kaza sonucu annemin kullandığı arabada annesi yani anneannem vefat ediyor.

Annemi üzmemek için bu konuyu hiç açmamış olmama rağmen geçirdiği travmayı ve yaşadığı suçluluk duygusunu tahmin edebiliyorum. Tek bildiğim, o sırada nişanlı olduğu babama, "Ben evlenemem, kardeşlerime ve babama sahip çıkmam lazım" demesi. Çünkü babam İstanbullu olduğu için onun şehrine gelin gidecekti. Bunun üzerine babam aşklarının çok büyük olduğunu, beraberce sahip çıkacaklarını söyleyip annem için İzmir'e taşındı ve ona destek olup hiç bırakmadı.

İçinde yaşadığı o duygularla diğer üç kız kardeşine ablalık yapan ve evlendikten dokuz ay sonra bana hayat veren annem.

Bu arada karısına ve kızlarına inanılmaz derecede düşkün olan dedem anneannemin vefatından sonra kendini manen toparlayamadığından işlerine de yoğunlaşamıyor.

Ben işte böyle bir ortamda dünyaya geliyorum. Ailenin ilk çocuğu. Annem, teyzeler, büyükanne, dedem, babam benimle bir taraftan teselli bulup diğer taraftan acılarını dindirmeye çalışıyorlar, ama çok geçmeden yani ben dokuz aylıkken iflasın eşiğine gelen dedem bu üzüntülere dayanamayıp kalp krizi geçiriyor ve maalesef hayatını kaybediyor.

Kimsesiz kalan dört kız kardeşin benimle beraber hayata tutunma mücadelesi de böylece başlıyor...

Aradan 24 yıl geçmiş, ben 24 yaşına gelmiştim. Çeşme'deydik ve ben bir arkadaşımın düğünü için İzmir'e gitmiştim.

Erken bir saatti, 22.00 suları. İçimden bir ses devamlı annemi aramamı söylüyordu. İlk başta çok manasız geldi, annem çünkü o gece yalnız kalmamak için arkadaşımın evinde kalacağımı ve sabah onlarla beraber Çeşme'ye döneceğimi biliyordu.

Gitgide annemi arama hissiyatım büyüdü ve bir anda bir arkadaşımdan telefon bulup (o zamanlar cep telefonu ender bulunurdu) çevirdim ev telefonunu. Annem açtı, "Biliyorum kızım sabah geleceğini, söyledin ya," dedi. Ben de "Merak etme diye tekrar söylemek istedim. Sabah görüşürüz," diyerek telefonu kapattım.

Nedense o gece kız arkadaşımda kalmak gelmemişti içimden, o yüzden İzmir'de kendi evimizde kalmıştım. Sabah saat 06.00 civarında kapının acı acı çalmasıyla uyandım. Açtığımda karşımda Armağan Eniştem vardı. Şaşırdım, anlayamamıştım neden geldiğini. "Annen rahatsızlanmış, Çeşme'ye gidiyoruz!" dedi. Giyindiğim gibi yola çıktık. Çeşme'ye vardığımızda öğrendim acı gerçeği. Annem artık yoktu... Gece fenalaşmış, hastaneye kaldırmışlar. Doktor gaz sancısı deyip eve yollamış. Kalp kriziymiş. Tekrar fenalaşmış, ama bu defa ambulans yetişememiş, vefat etmiş. O telefon konuşması, onun sesini son kez duymak istememmiş meğer hiç bilmeden.

Hayatın bu sillesiyle artık bambaşka bir Saba vardı. Kendine ve kardeşine sahip çıkan, kendi ayakları üstünde durmaya çalışan.

Aradan yaklaşık 2 yıl geçmişti. Annemin vefatından sonra İstanbul'da okuyan kardeşimin yanına gitmek istedim. İzmir bana artık acı veriyordu. Kariyer yapıp bize bakabilmek için İstanbul'a gitmekti tüm amacım. O sırada NTV'den gelen teklifle havalara uçmama rağmen bir yanım buruklaşmıştı. Aile bağlarımız zaten çok güçlüydü, annemin vefatıyla teyzeler, kuzenler daha da kenetlenmiştik birbirimize. Işık Teyzem hiç evlenmediği için bizimle yaşardı. Teyze anne yarısıdır derler ya, İşkoş yarıdan da öteydi bizim için, sadece bizi doğurmamıştı. O çok istediğim teklifin ardından gelen burukluk da onu yalnız bırakmak istememememden kaynaklanıyordu. Fakat o bana kabul etmem gerektiğini, hayatın kendi ayaklarımın üzerinde durursam manası olacağını söyleyip beni ikna etti. Hayatımda onun kadar güçlü bir karaktere sahip, onun kadar vefakâr başka bir insan tanımadım şimdiye kadar.

İnci Teyzem, Nevres, Feride ve İşkoş beni uğurlamak üzere havaalanına götürdüler. X-ray cihazından geçmeden önce İşkoş çok kötü oldu, daha da sıkı sarılmak istedi bana. Ben ise ondan daha kötü olmama rağmen çaktırmamaya çalışıyordum. Ağlayıp onu daha fazla üzmemek için. "Ay İşkoş, saçmalama, ne var bunda! İki ay sonra geleceğim sizi görmeye," dedim ve bana daha sıkı sarılmasına izin vermedim. Hayatımdaki en büyük, belki de tek pişmanlığımdır. İki ay sonra değil bir ay sonra gelmiştim İzmir'e, İşkoş'umun cenazesine... Onu da yatağında uyurken geçirdiği kalp krizi sonucu kaybetmiştik. Daha sonra Armağan Eniştemi...

Bizler doğmadan önce yaşanan, anne karnındayken yaşadığımız veya çocukluğumuzda başımızdan geçen her olayın benliğimize etkisi olduğu bir gerçek. Bilinçaltı kayıtları bambaşka tezahür ediyor hayatlarımıza. Ben küçükken de hep gülen, kahkahalar atan, herkesi eğlendirmeye mutlu etmeye çalışan bir çocukmuşum. Şimdi anlıyorum ki kahkaham ruhumun bana yaşananlarla baş etmem için verdiği bir armağanmış...

Yaşanmışlıkların, acı ve ani kayıpların üstünü her ne kadar örtmeye çalışmış olsam da hâlâ derinlerde duruyor olmasından sebepti belki de mutsuzluk halim. Örtmeye çalıştığım kayıp acısını artık örtecek gücüm kalmamıştı belki de.

Şu anda elinizde tuttuğunuz kitabı yazmaya başlamadan önce, daha kararlarımı yeni uygulamaya başlayıp mutluluk yolculuğuma yeni başlamışken, hiç beklemediğim, bana çok ama çok derin bir acı veren başka bir kayıp yaşadım.

Anladım ki rahat bir hayat yaşarken ortaya çıkan ani ve beklenmedik acılar, kayıplar, kırılmalar uyanma vaktinin geldiğini haber veren çalar saatmiş. Beni derin uykumdan uyandıran ve ruhsal arayış yolunda adımlar atmama neden olan da işte bunlardı.

Yaşamış olduğum acı ve sert deneyimler bana aslında hiçbir şey üzerinde kontrolümün olmadığını fark ettirdi. Kontrolümün olmadığını hissettikçe hayatın akışına teslim oldum, teslim oldukça da hayatı kontrol etmeye çalışmamın anlamsızlığını gördüm. Öğrendim ki hayatla savaşamazsın, çünkü her zaman o kazanır. Ben de teslim oldum ve yaşanmış olan her şeye rağmen mutlu olmayı tercih ettim mecburen.

Şükret!

Şükretmek ve minnet duymak, mutluluk için olmazsa olmazlardandır. Şükrettikçe kendimi daha mutlu, hayatımdan daha hoşnut olduğumu hissederim. İnsan sahip olduklarına şükrettikçe daha fazla istemekten uzak duruyor. Böylece kıskançlık duygusundan da kurtuluyor. Şükretmenin hoşgörüyü özendirmesi de cabası. Varlığına şükrettiğimiz kişiye karşı herhangi bir kırgınlık hissetmiyoruz.

Japon bilim insanı Masaru Emoto'nun 1990'ların başında yaptığı bir deney var. Bu deneyle suyun da bir hafızası olduğunu ispatladı. Emoto, farklı kaplardaki sulara farklı sözcükler söyleyerek su kristallerindeki değişimleri gözlemledi. Bir kaba şükür ve sevgi kelimelerini, diğer kaba ise kin ve nefret sözcüklerini söyledi. Gözlemleri sonunda muhteşem bir netice elde etti. Şükür ve sevgi kelimelerini dinlettiği kaplardaki su kristalleri hoş bir şekle bürünürken, kin ve nefret sözcüklerini dinlettiği su kristalleri estetik olmayan, eğri büğrü bir görüntü sergilemişti.

Kelimeler suyu etkilediği gibi bizleri de etkiler. "Söz *büyüdür*" demeleri bundan olsa gerek. Bu yüzden ağzımızdan çıkan her söze dikkat etmeliyiz. "*Zaten hep beni bulur, hep bizim başımıza gelir...*" gibi ağzımıza sakız olmuş cümleleri artık lügatimizden çıkarma zamanı. Yukarıda andığımız deneyden yola çıkarsak ve vücudumuzun %70'inden fazlasının da sudan oluştuğunu göz önünde bulundurursak, sözün büyüsüne dikkat etmemiz gerektiğini daha iyi anlarız. Söz *güçtür.*

Şükretmek, çok güçlü bir eylemdir. Aslında şükretmek mutluluğun en büyük anahtarıdır. Şükretmek insanı hayatın stresinden, karmaşasından, depresyonundan uzaklaştırır bir şekilde. Şükretmek kendini iyi hissetmeni, bağışlayıcı olmanı, mutlu hissetmeni sağlar. Şükrettikçe güzelleşiriz. Şükür, Allah'ın cömertliğine en güzel teşekkürdür. Verdim, teşekkür ederim; aldım ve çok mutluyum. Elmalılı Hamdi'ye göre şükür; bütün iyiliklerin, iyiliklerin asıl sahibi olan Allah'tan geldiğinin kalben bilinmesidir. Şükür, kalbin şifasıdır. Sahip olduğumuz ve olamadığımız her şeyin bize aslında birer hediye olduğunun farkında olmaktır. Mutluluğun formülü şükredenlerden olmakta gizlidir. Şükür bazen de kabul olmayan duadır. *Olan da hayırlıdır, olmayan da* sözünü belki onun için çok severim. Gün gelip de kabul olmayan "o" duam için çok şükrettiğimi bilirim.

Hayatımızdaki nimetleri görme, güzellikleri fark etme, ihsan sahibine övgüde bulunma zamanıdır. *Sahip olmadığınız şeyler için de şükredin* denir. Mesela bacağınızla ilgili bir sorun ya da hastalığınız varsa "*Tekrar yürüyebildiğim için şükrediyorum*" ya da maddi sorunlarla cebelleşiyorsanız "*Ay sonunu rahatlıkla getirebildiğim için şükürler olsun*" demek gerekir. Sorununuz olan herhangi bir şeye sanki o sorun hiç yokmuş ve hayatınızda her şey yolundaymış gibi şükrettikçe o sorunun yavaş yavaş ortadan kalktığını hissedersiniz. Bu kitaba da bu düşüncelerle başladım. Yıllardır bir kitabımın olmasını istememe rağmen ne yazacağımı bilemiyordum. İşin gerçeği, nereden başlayacağımı bilemediğim için de korkuyordum. Biyografi diye düşündüm önce, sonra insan kendi biyografisini kendi yazmamalı dedim. Roman diye düşündüm, ama içimden gelmedi. Mutluluk yolculuğum çerçevesinde şükretmenin gücünü daha da iyi anlayınca şunu da ekledim şükür cümlelerimin arasına: "*Kitabımı yazdığım için şükürler olsun*" ve zaman içinde kendime uyguladığım mutluluk planımı, başkalarına da umut olsun diye, korkularımdan sıyrılıp yazarken buldum kendimi.

Sahip olduğumuz şeylere şükrettikçe sahip olduklarımızın arttığını görürüz. Eğer sahip olmadığımız şeylere daha fazla konsantre olursak onları kendimizden daha da uzaklaştırırız.

- Çok keyifli bir ilişkim, evliliğim olduğu için şükrediyorum.
- Huzur dolu bir evim olduğu için şükrediyorum.
- Herkes tarafından sevildiğim ve herkesi sevdiğim için şükrediyorum.
- Maddi olanaklarım için şükrediyorum.
- Dün gece arkadaşlarımla çok keyifli zaman geçirdiğim için şükrediyorum.

Hayatımızda olanlar ve olmayanlar demiştik. Aşağıdaki listeye sahip olmak istediklerimizi de ekliyoruz:

- Yeni bir ev aldığım için şükrediyorum.
- İdeal kilomda olduğum için şükrediyorum.
- (Hayatınızda olmasını istediğiniz herhangi bir hobi yazın.) Örneğin davul çalabildiğim için şükrediyorum.
- Birlikte kahkaha atabildiğim arkadaşlarım olduğu için şükrediyorum.
- Karşıma yeni bir iş imkânı çıktığı için şükrediyorum.
- Her ay para biriktirebildiğim için şükrediyorum.

Sahip olamadıklarım için şükrederken, onlara sanki hep sahipmişim gibi hayal ederim.

Şükrederken önemli olan, "*şükran duyduğumuz*" her neyse, onu hissederek, detaylandırarak söylememizdir. Mesela "*Uzun zamandır çok beğendiğim bu adamla ilişki yaşamaya başladım. O benim için dünyanın en yakışıklı, en iyi erkeği. Kendi gücümün farkına vardım. İstediğim şeyi hayatıma ge-*

çirebileceğimi biliyorum. Onunla mutlu ve huzurluyum, çok şükür" veya zaten sahipmişiz, sanki sahip olmuşuz gibi yapacağımız şeyler için "*Bu sene çok güzel para kazandım. Geçen seneki kazancımı ikiye katladım. Birikime geçtim ve şu anda bankada önemli miktarda param var, çok şükür*" demek gerek. Şükretmenin püf noktası, negatif cümle kurmamaktır. Örneğin "*Bütün borçlarımı ödedim, çok şükür*" demek yerine, "*Çok şükür, paramı artırdım*" demeliyiz. Sonuçta borç kelimesi negatif bir çağrışıma sahip.

Ben olayı biraz daha genişleterek, hayatıma geçirmek istediğim gün için de niyet koymaya başladım. Neyi hissetmek istiyorsam onu söylemeye başladım. Bugün yapacağım her işi kolay bir şekilde ve keyifle yapıyorum. Akşam arkadaşlarımla beraber harika bir yemek yiyip çok eğleniyorum veya ailemle beraber mükellef bir sofrada sohbet dolu, harika bir akşam geçiriyorum.

Zaten her zaman şükreden bir insandım. Her akşam yattığımda, her sabah kalktığımda, gün içinde defalarca şükrederdim. Bunu daha bilinçli yapmaya karar verdim.

Artık her sabah güne derin bir nefes alarak, "*Allahım, sana şükürler olsun, aldığım her nefes için, yarattığın her şey için; çiçekler, böcekler, toprak ana için, var olan her şey için şükürler olsun. Var olan her şeyi seviyorum*" diyerek başlıyordum. Yatmadan önce de o gün deneyimlediğim beş şeyi yazıp şükretmeye karar vermiştim. İlk başlarda zorlanıyordum tabii. Kalbime, nefesime, organlarıma, elime ayağıma şükrettiğimi yazarak başladım. Her gece her şeye, o gün simit aldığım simitçiye varıncaya kadar şükrettim. Günler geçtikçe şükrettiğim şeylerin giderek çoğaldığını gördüm. Şükrettikçe bunun hayatımı ve yaşam perspektifimi nasıl değiştirdiğini deneyimledim. Şu anda inanıyorum ki, sahip olduğun şeylere odaklandıkça, evrenin sana sahip olduğundan çok daha fazlasını verecek. Sahip olamadığın şeylere odaklandıkça da hayatında onlara hiçbir zaman sahip olamayacaksın. Müteşekkir ol, sahip olduklarına şükret, bekle ve gör. Şükrettiklerin nasıl da çoğalacak. Var olan her şeye şükrediyorum.

Takdir Etme Oyunu

Olumsuz bir duygunun farkına vardığımda ve bunu hissediş biçimimi değiştirmek istediğimde, yanımdaki herhangi bir kişinin sözlerinden olumsuz etkilenmeye başladığımda ve bundan dolayı yönümü değiştirmeye karar verdiğimde, titreşimimin kontrolünü elimde tutmak istediğimde veya o anki iyi duygularımı daha da iyileştirmeyi istediğimde ya da iyi olan ruh halimin daha iyisini elde etmek istediğimde "takdir etme" oyununu uygulamaya karar verdim. Zamanında okumuş olduğum ve uyguladığım, daha sonrasındaysa unuttuğum enerjimi yükseltmeme yardımcı olan bir oyundu bu. Mademki hissetmek istediğim şekilde davranmalıydım, o zaman beni buna götürecek en kolay yol enerjimi hissetmek istediğim şekilde titreşime açmaktı ve en güzeli de bunu bir oyunla ânında hayatıma sokabileceğimi bilmekti.

Sonuçta hiçbir şeyin kendimi iyi hissetmekten daha önemli olmadığını bildiğim için, o an içerisinde takdir edeceğim şeyleri bilinçli şekilde aramaya karar verdiğimde dikkatimi çeken obje içimde takdir duygusuna dönüşür ve çekim yasası bu takdir edilen objeyle aramda bir devre kurmaya başlar. Böylelikle hemen o anda, takdir edilebilecek daha fazla şey görmeye başlarım. Böylelikle kendi çekim noktam üzerinde kontrole sahip olurum.

Bulunduğum herhangi bir yerde etrafıma göz gezdirerek beni mutlu eden bir nesne seçerim. Onun ne kadar mükemmel, güzel, faydalı olduğunu düşünürken dikkatimi beni mutlu eden o objeye vermeyi sürdürürüm. Gelişen hislerimi fark edip hissettiklerim için şükrederim. İyi hislerim başladığım andakinden fark edilebilir biçimde daha güçlü bir hal almışsa, dikkatimi yöneltmek üzere hoşuma giden başka bir objeye yönelirim. Kendimi iyi hissettiren şeylere ne kadar uzun süre odaklanırsam, bu iyi hissettiren titreşimleri korumak benim için o kadar kolay hale gelir. Ve bu iyi hissettiren frekansları ne kadar korursam, onunla aynı titreşimde olan düşünceleri, insanları veya deneyimleri çekim yasası sayesinde kendime o kadar çekmiş olurum.

Takdir edecek ne kadar çok şey bulursam, kendimi o kadar iyi hissederim ve kendimi iyi hissettikçe "iyi olma" halinin devamı için bunu daha çok yapmayı sürdürürüm. Çok az zaman ve çaba harcayarak olumlu düşüncelerle hislere sahip olurum. Daha iyi oldukça ve hissettikçe her şey daha iyi olur.

Fırsat bulup iyi hissettiğim sürece takdir etme oyununa devam ederim. Bu oyunun en güzel yanı ise her an, her yerde oynayabilmem. Mesela trafikte arabada giderken "Arabamı seviyorum," "Trafik olsa da içinde güzel müzik dinleyip keyifli zaman geçirebiliyorum," "İşimden memnunum," "Bu yolun manzarası çok güzel," "Günüm gerçekten güzel geçiyor," "En sevdiğim ceketim üstümde" gibi takdir edeceğiniz şeyler bulmaya bir kez başladığınızda, gününüzün bu tür hislerle dolduğunu göreceksiniz.

Ne zaman bir şeyi takdir etsek, ne zaman bir şeyi methetsek, ne zaman bir şey hakkında kendimizi iyi hissetsek evrene "daha da fazlası lütfen" diye seslenmiş oluruz. Genel olarak takdir duyguları içerisindeysek iyi olan her şey bize doğru gelir. Takdir etme arzusu güzel bir ilk adımdır ve sonrasında karşılık olarak "teşekkürler" diyebileceğimiz daha fazla şey buldukça bu durum hareket kazanır, adımlar peş peşe sıralanır. Takdir hissini içimizde duyumsamak istediğimizde takdir edilebilecek şeyi kendimize çekeriz.

Gün içerisinde geçimsiz, hayal kırıklığına uğramış ya da acı çekmekte olan mutsuz insanlarla karşılaşabiliriz. Doğal olarak onlar olumsuz duygularını bize yöneltirken onları takdir edebilmemiz oldukça zordur. Bu tip insanlarla karşılaştığımda veya vakit geçirmek zorunda kaldığımda kendimi iyi hissetmemi sağlayacak şeyler ararım ve bilirim ki çekim yasası onun gibi birçok şeyi bana getirecektir. Dikkatimizi takdir edebilme üzerinde topladığımız zaman bu takdir edilme olarak hemen bize geri döner.

Günü yaşamaya devam ederken istemediğim bir şeyin farkına vardığımda, "takdir etme oyunu" nuçokça oynamış olduğum için, istemediğim şeyin farkındalığını istediğim bir şeyin farkındalığına kolayca yeniden yönlendirebiliyorum. Ne de olsa yaşam yarın değil, tam içinde bulunduğumuz andır. Ve hayat, enerjimizi şu anda nasıl şekillendirmekte olduğumuzdur.

BEŞİNCİ DÖNGÜ

FARKINDALIĞINI YÜKSELT!

- Yaşanan Ânın Keyfini Çıkar!
- Eğlenmek Ciddi Bir İştir!
- Anda Kalmak İçin İç Sesine Kulak Ver!
- Başarısızlığın Keyfini Çıkar!

Ânı kaçırmadan ânı yaşamak, eğlenmenin ve çalışmanın tadını çıkarmak, eğlenceyi de, işi de ciddiye almak mutluluk yolculuğumda bana eşlik eden önemli kararlardı. Her ne kadar işler kimi zaman yolunda gitmese de, istemediğim anlarda kendimi bulsam da, farkındalıkla o ânın anlamını kavramak ve ona göre yaşamak her şeyi çok daha kolay ve katlanılır yaptı.

Yaşanan Ânın Keyfini Çıkar!

Son zamanlarda herkesin ağzına pelesenk oldu, "Ânı yaşa, ânın tadına var" sözü. İyi, güzel, hoş da bu ânı yaşamak, anda kalmak nasıl oluyor, kimse bunu açıkça anlatmıyor nedense. Okuyorum, araştırıyorum, dinliyorum ama nafile. Yine de tam olarak "an"da kalamıyorum. O "an," hangi "an" acaba diyorum kendi kendime. Geçmişte yaşananlar, yarınların endişesi, geleceği planlamak; geçmiş hataları, yaşanmışlıkları veya pişmanlıkları düzeltmeye çalışmak hep yarına odaklı olduğu için anlamlı bir gün geçirmeyi unutuyordum. Bu şekilde yaşayarak hep şimdiki zamanı es geçiyordum. Geçmişin geçmiş, bitmiş ve değiştirilemez olduğunu, geleceğin de henüz gerçekleşmemiş olduğunu bilmeme rağmen içinde bulunup deneyimlemem gereken tek ânın bu ânın içine girmek olduğunu bilmeme rağmen bunu tam olarak beceremiyordum. Oysaki yaşamak başka, varlık göstermek bambaşka. Yaşadığımızı düşünsek de nadiren varlık gösteririz. Yol aldığımızı farz etsek de aynı dairenin içinde dönüp dururuz. Geçmiş ve gelecek karmaşasına kapıldığımızdan çoğu zaman neyi kaçırdığımızı bile bilemiyoruz. Devamlı bir şeyleri arama şeklindeki doyumsuz davranışlarımızla ve endişeyle huzuru bulmaya çalışıyoruz. Huzurun yapma eylemi değil, bir duygu olduğunu unutmuş olduğumuzdan, yaptığımız hiçbir şey bize huzur getirmiyor. Ne yaparsak yapalım, nereye gidersek gidelim, kendimizi oyalamak için neyle uğraşırsak uğraşalım, rahatlık hep bizim için ulaşılmaz oluyor. Geçmişin hayaletleri ve gelecek hayalleriyle sarılı olduğumuz için şu anda tam önümüzde olanı göremiyoruz. Yaşam ya da yaşamak bu olmamalıydı. Halbuki neşe dolu, sağlıklı, bolluk içindeki yaşam tam da şu anda üzerimize yağdığı halde, bize verileni görüp kabul etmek yerine kendimizi bir şeyleri elde etmek uğruna devamlı harcıyoruz.

Aslında gerçekten tek isteğimiz ve ihtiyacımız, kalbimizdeki koca karanlık deliğin dolmasıdır. Hedefe ulaştığımızda mutlu olacağımıza dair yanlış bir inancımız var maalesef; "hedefe ulaşma yanılgısı." Amacımıza ulaştığımızda büyük bir mutluluk umuyor olmamıza rağmen sonunda beklediğimiz kadar ya da umduğumuz kadar ulaştığımız şeyin bizi mutlu etmediğini deneyimleriz. Terfi etmek, bir ev ya da araba almak, hedeflediğimiz paraya ulaşmak için sabırsızlıkla didiniriz, ama bir kere o arzuya ulaşınca o buluşmanın mutluluktan başka duygular da getirdiğini görürüz. Yeni amaçlara ulaşma duygusu, tırmanılması gereken yeni zirveleri hedefleyiş mesela. Nobel ödüllü dâhi fizikçi Albert Einstein'ın Japonya seyahatindeyken kendisine bir mesaj getiren kuryenin eli boş dönmesine razı gelmeyip ona verdiği notta yazdığı gibi belki de: "*Başarı peşinde koşmanın getirdiği sürekli huzursuzluğa karşın sessiz ve mütevazı bir yaşam daha fazla mutluluk getirecektir.*"

Halbuki belli bir amaca ulaşmanın bana gelecekte vereceği mutluluğa odaklanmak yerine "yaşadığım ânın keyfini çıkarmak" gelecekteki mutluluğa bel bağlamaktan çok ama çok daha iyidir. Böylelikle işin eğlenceli kısmı sonraya kalmaz. Eğlenceli kısım şimdidir, şimdidedir.

Anladım ki paranın aksine neşe, bolluk, sağlık ve mutluluk için zorlayıcı çaba gerekmez. Bu anla barış içinde olduğunda, bu ânı olduğu gibi kabul ettiğinde neşeyi, bolluğu, sağlığı ve mutluluğu kendiliğinden deneyimlersin. Aslında neşe, bolluk ve sağlık tıpkı varlığımız gibi içimizdedir ve dikkatimizi başka yöne çevirdiğimizden dolayı bunların farkına varmayız. O zaman "İçimi nasıl bulacağım, içe dön demek kolay ama bunun yolları nedir?" diye sormaya ve araştırmaya başladım.

Kendime daha fazla zaman ayırıp iç sesimi dinledim. Daha fazla zaman ayırma derken evde oturup televizyon seyretmekten bahsetmiyorum. Gerçekten kaliteli zaman dilimleri ayırdım kendime.

Ne zaman ki geçmişi düşünmeyi, gelecekte olması muhtemel şeyleri zihnimde kurmayı bıraktım ve ânı yaşamaya başladım, işte o zaman neşe, mutluluk da beraberinde geldi.

En içten kahkahalarım şimdi için!

Eğlenmek Ciddi Bir İştir!

Ne zaman eğleneceğim şeyi yapmak için zaman yaratsam kendimi daha iyi hissederim. Eğlenmekten beslenirim aslında ve eğlenemediğim veya kendimi eğlendiremediğim zamanlar verimliliğim düşer, mutsuzluğum artar. Kendimi kötü hissetmemek iyi hissetmek için yeterli değildir. İyi hissetmem için nedenler bulmak gerekir, ki bunlardan biri de benim için eğlenceme zaman yaratmak.

Karşıdan bakıldığında çok basit gibi görünse de eğlenmek ciddi bir iştir. Hayatı tadına vararak, eğlenerek yaşamak gerekir. Anılarımız eğlendiğimiz anlardadır. Eğlenerek yapılan her şeyin beraberinde başarıyı da getireceğine inanırım. Kendin için eğlenceli olan şeylerin ötesinde koşmak, kendi eğlenceni yaratabilmek, kendini ve ruhunu mutlu etmek kendini sevdiğini kendi kendine gösterebilmenin bir yoludur.

Tavla oynamak, dışarıda keyifli bir yemek yemek, arkadaşlarımla partiye gitmek, dans etmek, yürüyüş yapmak, denize girmek, güzel bir kişisel gelişim seminerine gitmek, futbol maçına gitmek, yeni bir insanı keşfetmek benim eğlendiğim şeylerden bazıları.

Güzel bir film seyretmek benim için eğlencelidir, ama her hafta sinemaya gitmek değil mesela.

Eğlenmeye bu kadar önem verdiğim halde bazen ne yaparsam yapayım kendimi eğlendiremediğim zamanlar da oldu kuşkusuz. Hayat bu sonuçta. Bazen değil kendimi eğlendirmek, eğlenme hali diye bir şey olduğunu bile unuttum.

İş hayatımda işlerin yolunda gitmediği ve işsiz kaldığım bir yıllık bir dönem oldu. 2007 yılıydı ve programım yayından kaldırılmıştı. Hayatımda ilk defa böyle bir şey başıma geldiği için bu duyguyla nasıl başa çıkacağımı bilmiyordum ve haliyle çok mutsuzdum. Epey de uzun sürmüştü. Öyle bir döneme gelmiştim ki, birkaç ay daha işsiz kalırsam ev kiramı ödeyecek param bile olmayacaktı ve İzmir'e geri dönmek zorunda kalacaktım. O yüzden değil dışarıya çıkıp sosyalleşmek, yataktan bile çıkmak istemiyordum, hatta aynada kendimi bile görmek istemediğim bir dönemden geçiyordum. Yapmak istediğim programı ve bu programın çok iyi olacağını biliyordum, fakat bunu sadece ben biliyordum ve çaldığım hiçbir kapı açılmıyordu. Kendimi aynada görmeye tahammül bile edemeyeceğim bir halde olduğuma göre zaten yeteri kadar bunalımdaydım. O zaman yapmam gereken şey bu "olan halime" bir son vermekti, ama nasıl? Ne yapmam gerektiğine dair en ufak bir fikrim bile yoktu. Halsizdim, kırgındım, yorgundum, çaresizdim. Bütün bu ruh hallerimden dolayı net bir şekilde düşünemiyordum. O dönemde teyzemin oğlu Nevres'le beraber yaşıyorduk. Odasından pek çıkmazdı, üniversitede okuduğu için ders çalışırdı ya da play station oynardı. Hatta arada salona geldiğinde, "Akvaryumundan çıktın mı sonunda?" diyerek şakalaşırdım onunla. Yine olağan bir gecede ansızın elektrikler kesilince yapacak başka bir şey olmadığından salona gelmişti. Bense evdeki bütün mumları yakmış, çaresizce kendime çare bulmaya çalışır bir halde üstümde battaniye koltukta uzanıyordum. Sohbet etmeye, dertleşmeye başladık. Farkındaydı her şeyin, ama öyle bir duvar örmüştüm ki kendime o zamana kadar beni uyaracak cesareti bulamamıştı. Sonunda beni bir şekilde kendime getiren o sözler döküldü ağzından. "*Kendine gel ve kendini oyalayacağın şeyler bul! Düşündükçe bir yere varamayacağını kaç aydır hâlâ anlayamadın mı?*" Evet, çok haklıydı, kendimi oyalamam, yeni meşgaleler bulmam gerekiyordu. Nevres'in bu sözleri beni kendime getirmeye yetmişti.

Her sabah erkenden kalkmaya başladım. Giyindim, makyajımı yaptım ve şehri keşfetmeye giriştim. Devamında arkadaşlarımla vakit geçirmeye başladım. Daha önce kendimi soyutlamıştım herkesten, ben kendimi çekemezken onları da bu duygu halime sürüklemek istemiyordum. Ancak onlarla vakit geçirmeye başlayınca çok daha iyi hissettiğimi, bu depresif halden uzaklaştığımı fark ettim. Gezmeye, görmeye, buluşmalara vakit ayırdıkça düşünmemeye başladım. Düşünmemeye başlayınca da hayattan keyif almaya ve içinde bulunduğum ruh durumundan çıkmaya başladım. Kâh tavla oynuyordum, kâh hiç gitmediğim Büyükada'yı keşfediyordum, kâh dans edip deşarj oluyordum. İkinci ayın sonunda yıllarca NTV'de birlikte çalıştığım Erdoğan Aktaş genel yayın yönetmeni olarak Habertürk'e transfer olmuştu. Erdoğan'ı çok severdim ve onun adına inanılmaz sevinmiştim. Hemen telefon ettim tebrik etmek için. "*Böyle kuru kuru tebrik olmaz. Yarın kanala gel, bir kahve içelim, uzun zaman oldu görüşmeyeli*," dedi. Ertesi gün elime hediyemi alıp gittim. Eski günlerden konuştuk, uzun uzun sohbet edip hasret giderdikten sonra bir anda bana döndü ve "*Neden ortalarda yoksun sen? Nasıl bir şey yapmak istiyorsun?*" diye sordu. "*Gece programımı yapmak istiyorum*," dedim. Ayağa kalktı, "*On beş gün sonra başlıyorsun, hemen ekibini kur*," dedi. Şoke olmuştum. Şaşkınlık ve sevinç duyguları içinde ne hissedeceğimi bilemez haldeydim. Hemen ekibimi kurup hazırlıklara koyuldum. Ekip dediğim hepi topu dört kişiydik. Hatta şimdi bile hâlâ tatlı bir tebessümle hatırlıyorum yayına başlamadan iki gün önce heyecan ve stresten düşüp bayıldığımı.

Eğlenceyi ciddiye almam ve kafamı boşaltma yoluna gitmem, olumsuza odaklanmayı bırakmam bana olumlu bir şekilde dönmüştü. Hayatımın önemli dönüm noktalarından birine bu sayede geçmiştim.

Anda Kalmak İçin İç Sesine Kulak Ver!

İç sesimi duymayı, onu dinlemeyi mutluluk yolculuğum içinde koşulsuz şartsız kabul ettim. İç sesimle barıştım. Aslında bu hepimizde var olan bir ses. Hani o ilk akla gelen şey, o ilk gelen ses veya his var ya, duymazdan gelmeye çalıştığımız, dinlemediğimiz ve her nedense onu dinlemek yerine başkalarını dinlemeyi tercih ettiğimiz. Halbuki iç sesimizi dinlemeye başlarsak hiç ama hiç yanılmayacağız. O aslında benliklerimizin sesi.

Herhangi bir şey başıma geldiğinde –iyi veya kötü, negatif ya da pozitif– ne olursa olsun, herhangi birine bir şey danışmadan önce ilk o sese yönelmeye başladım. Gerçi vereceğim önemli kararlarda da hep iç sesimi dinlerdim. Baştan ne yapacağıma karar verir, sonrasında yine de kararımı onaylayabilmek için etrafımdakilere danışırdım bazen. Ama onları yine hiç dinlemez, kendi kafamın dikine giderdim. Ve şimdiye kadar çok şükür ki hiç yanılmadım. Başkalarının seçimleri ve kararlarıyla yaşarsam bu onların hayatı olur. Bu hayat benim hayatım olduğuna göre, benim seçimlerim ve benim kararlarımdan oluşması gerekir. Sonuçta seçimlerimin bedelini ödeyecek olan sadece benim, bana akıl verenler değil. Bana verilen bu hayat benim tekâmülüm olduğuna göre özelime kimsenin müdahalesi olmamalı, bunu hoş karşılamam, karşılamadım da. Söylenenleri dinlerim, ama hepsi bir kulağımdan girer, diğer kulağımdan çıkar.

İç ses konusuna geri dönersek; iç sesini dinlemek, hislerine güvenip teslim olmanın bir yoludur. Kendin olmak, kendin gibi davranmak, kendin gibi hissetmektir. Başkalarının seni dönüştürmeye çalıştığı kişi olmaktan çıkıp kendi özüne dönebilmektir. İç ses sana kaybolan seni hatırlatır. Biliyorum ki bu dünyada yapmam gereken en önemli şey, en önemli görev kendim olmak, benliğimi taçlandırmak, benden çok daha üstün bir gücün hayatımı kontrol ettiğini anlayıp Allah yolunda, o ilahi olanın yolunda onunla bir olmaktır. Kendi içselliğinde birleşip, saf kendi benliğinde barışıp onu kabul edince de hayatında istediğin her şeyi gerçekleştirebilirsin. Kendimiz ve bütünün hayrına olacak her şeyi oluşturma gücüne sahibiz aslında.

İç sesime daha iyi yoğunlaşabilmek için egzersizler geliştirdim. Mesela alışveriş merkezinde binmeyecek olduğum halde yan yana duran iki veya üç asansörün önünde durup hangi asansörün geleceğini tahmin etmek gibi küçük egzersizler. Beni gören herhalde deli diyordur, karşıdan bakınca ne yaptığımı anlayamayacağı için. Düğmeye basıp hızlıca herkesin önünde gözlerim kapalı bir şekilde, içime "*Bu mu gelecek?*" diye sorar, hangisinin önünde daha hafif bir duygu hissedersem veya daha rahat bir nefes alırsam orada beklerim. Ve inanır mısınız, yüz kere denediysem her defasında sadece üç kere yanılmışımdır. O da bence panik yapıp tam konsantre olamadığımdan öyle olmuştur.

Gece uyumadan önce yaptığım on beş dakikalık nefes çalışmasını sabah veya gün içinde müsait olduğum başka bir zamanda da yapıp günde ikiye çıkardım. Böylelikle bedenime "anda kalma" egzersizi de yaptırmış oluyordum. İçinde bulunduğum ânın tadını kaçıracak herhangi bir düşünce aklıma geldiğinde veya içimde daha sonraya yönelik bir duygu uyandığında ya da negatif bir düşünceye maruz kaldığımda, "*İptal ediyorum, bu düşündüğüm şey bu anda değil, eğer gerçekleşirse onu gerçekleştiği zaman düşüneceğim. Ben bu ânımı yaşıyorum. Bu duygu ve düşüncelerin ânımı bozmasına izin vermiyorum. Tüm niyetim ânın tadını çıkarmak. Bu duygu ve düşünceyi hemen şimdi yollayıp iptal ediyorum,*" deyip o alandan çıkmak için kendimi zorluyorum.

Önemli olan, aklıma gelen o düşünceyi ânında yakalayıp defedecek farkındalıkta olmaktı. İlk başlarda çok zorlandım. Bunu fark ettiğimde iş işten geçmiş oluyor, dakikalardır kafamda bir sürü şeyi kurguladığımı görüyordum. Sebat ettim. Hiç vazgeçmeden yakaladıkça iptal ettim, ânıma geri dönmeye çalıştım. Buna devam ettikçe de, itiraf edeyim bazen beceremesem de, sonunda "anda kalmayı," "ânın keyfini çıkarabilmeyi" öğrettim kendime.

Kendim için kurduğum hayaller hayatın benim için kurduğu hayallerle, planlarla kıyaslanamaz. Hayata nasıl sırtımı dayamam gerektiğini ve benim için planlanmış hayat akışını nasıl takip edebileceğimi öğrendim. Herkesin bir iç sesi vardır. İç sesimi dinleyerek aldığım bütün kararlar beni hep hayatımda doğru yere, doğru zamana götürdü. Sizin iç sesiniz de, onu duymayı bilirseniz, sizi doğru yere götürecek...

Başarısızlığın Keyfini Çıkar!

İzmir'de yaşadığım dönemde gazetecilik ve televizyonculuk okuyan herkes gibi İstanbul'a gelmek, hayatıma burada devam etmek istiyordum. Fakat buna bir türlü cesaret edemiyor, okulu uzattıkça uzatıyordum. Mezun olmaya isteksizdim. Çünkü iş hayatına atılıp başarısız olmaktan korkuyordum. Halbuki başarılı olmak kadar başarısız olmayı da kabullenmem gerekiyordu. Derslerime daha fazla çalışıp gazetecilik bölümünü dört yılda bitireceğime, bu korku yüzünden bütünleme sınavına çalışırken arkadaşımın, "*Hadi bu akşam fuara, gazinoya gidiyoruz. Nilüfer çıkacak,*" demesiyle defteri kapatır, kendimi fuarda eğlenirken bulurdum ve tabii ertesi gün sınavı kaçırdım. Amacım o sınav stresinden, sınavdan başarısız olmaktan kaçmaktı. Daha doğrusu hayata bir an önce atılmaktan kaçıyordum.

Daha önce de söylediğim gibi, annemin ani vefatıyla hayat ilk sillesini vurmuştu. Artık korkacak veya kaçacak lüksüm kalmamıştı. Ayaklarımın üzerinde durmalıydım ve kardeşime sahip çıkmalıydım. Bunun için de bir an önce iş hayatına atılmam, kendime yeni bir hayat kurmam gerekiyordu. Ya başaramazsam seçeneği ortadan kalkmış, yerini "*Ya başaracağım, ya başaracağım!*" kararı almıştı.

Haber spikerliği yaptığım dönemde tabii ki en büyük isteğim ana haber bülteni sunmaktı. Bu hedef doğrultusunda muhabirlik yaptım. Çok sıkı diksiyon dersleri aldım. Sabah-akşam demeden sonsuz bir disiplin içinde belki de sektördeki çoğu insandan daha fazla çalıştım. Ama gelin görün ki bütün çabalarıma rağmen en korktuğum şey başıma gelmişti. "Başarısız" olmuştum.

Hiç unutmuyorum, gece 24'ten sabah 6'ya kadar saat başı bülten sunduğum dönemde yanıma yastık ve battaniye almış, her arada saatimi kurup, gözlerimi dinlendirmiştim; yayın sırasında izleyicilerim beni dimdik ayakta görsün diye. Sabah bülteni yaptığım zamanlarda bütün kanalların ana haber bültenlerini izledikten sonra saat 20.30'da yatar ve sabah 04.00'te kalkıp işe gider, öğlen 12.00'ye kadar haber sunardım.

Gık demeden, hedefim doğrultusunda çalıştıkça çalıştım, okudukça okudum, kendimi geliştirdikçe geliştirdim. Her zaman elimden gelenin fazlasını yaptım.

Dört buçuk yıl NTV'de çalıştıktan sonra Show TV'ye transfer oldum. Orada hafta sonu ana haber bülteni sunacaktım. Benden daha mutlusu yoktu. "Başardım" dediğim hayatımdaki ilk köklü değişiklikle dünyalar benim olmuştu. Ama ne yazık ki o "ana haber"e hiç çıkartılmadım. Yaşadığım hayal kırıklığı beni antidepresan kullanmaya kadar götürdü. Dış haber sorumlusu oldum, bir yıl boyunca muhabirliğe devam ettim. Daha sonra yönetim değişti ve yeni gelenler, yine hafta sonu ana haberi bana vereceklerini söyleyerek, benimle çalışmak istediklerini belirttiler. Dedikleri o ana habere sadece bir kere çıkartıldım. Başarısız olduğum için değil, "çok iyi" olduğum için bazılarını korkutmuştum. Hatta öyle ki yıllık iznim bile diğerlerine göre ayarlanıyordu, onların yokluğunda "başarılı" olmayayım diye.

Sineye çekmekten başka yapabileceğim bir şey yoktu. İzmir'de o kadar saf ve temiz bir çevrenin içinde büyümüştüm ki, bir insanın Bizans oyunlarıyla başkasının hayalleriyle oynayabileceğini düşünmezdim bile. Hâlâ da bu tarz şeyleri aklım almaz. Bu kadar sene bunca yaşanmışlığa rağmen aklım almadığına göre bundan sonra da alması imkânsız.

Hayatta tek gerçek var, o da hepimizin öleceği. Nasıl bir kariyerin, ne kadar paran olursa olsun, hepsi geride kalacak. Hâlâ anlayamam insan insanla niye uğraşır diye. On tane teknen olsa da senden bir tane olduğuna göre ve aynı anda hepsine binemeyeceğine göre maddi şeyler hep boş gelir bana.

O zamanlar bana yapılan haksızlıklara kafamı o kadar takmıştım ki, günlerimi yastıklara vura vura ağlayarak geçirmekten hayatın bana vermek istediği o muhteşem dersi görememiştim. Neden, neden, neden? Ne yapmam lazım diye sorup duruyordum kendime. Meğer yanlış soruyu sorup kendi gerçeğimi görmeye kapatıyormuşum kendimi.

Sonradan çok iyi dostum olan dünyaca ünlü astrolog Gahl Sasson'la dertleşirken "Hayat amacım nedir?" diye kendime sormamı ve içime dönmemi tavsiye etti. Benim amacım farklı, hayatın amacı farklı olduğu için o cevabı uzun yıllar duymazdan geldim. Ta ki bir gün haber müdürümüz Salih Zeki'nin yanıma gelip de "*Senin kafan çok değişik çalışıyor. Haber sunmak senin için leblebi yemek gibi. Bu seni kesmiyor. Bence programcılığa geçmelisin*" deyince kadar.

Acaba cevap bu muydu deyip programcılığa geçtiğimde anladım ki hayat yolculuğunda "başarısızlık" diye bir şey yoktu. Başarısızlık hayatın seni başka bir yöne çevirmeye çalışmasıydı. Allah'ın sana, "*Ey kulum, yanlış yoldasın*" demesi, yanlış yolda olduğunu göstermesinin en muhteşem sonucuydu. Hayatımdaki bütün başarısızlıklar, bütün yanlışlar, hatalı adımlar, anladım ki kendi amacımı, kim olduğumu, bu dünyaya geliş nedenimi anlamam için Allah'ın bana gönderdiği derslermiş. Hayatınızda bir zorlukla karşılaştığınızda durun ve "Ey hayat, bana ne öğretmeye çalışıyorsun?" diye sorun. Başarısızlıktan, zorluklardan, hayatın sillesini yemeden çıkmanın yolu içsel, duygusal bir yol gösterici oluşturup kalbimizin hangi yöne gitmemiz gerektiğini söylemesini duymak, yani "iç sesimizi" duymayı başarabilmektir. Hayat işimizdeki pozisyonlarımız, şöhretimiz değil, gerçek amacımızı bulup o yönde hizmet etmemizdir.

"Benim amacım nedir?" diye sormak bile o cevabın size gelmek üzere yola çıkması demektir. Evet, başarısızlık diye bir şey yoktur! Başarısızlık, yolunu değiştirmenin en mükemmel şeklidir.

Hayatta önemli olan, başkalarının, annenin, babanın, eşinin, çocuğunun senden ne istediği değil, dünyanın senden, senin varoluşundan ne istediğini anlamaktır. Kendini bulmak için sorulan en güzel sorulardan biri, "*Eğer bu baskıları, bu stresleri geride bırakırsam hayatım nasıl olur?*" sorusudur. Kendi öz iradenle öz amacına ulaşman için.

Hayat bir yolculuk, heyecanlı bir yolculuk. Öğrenmem için bana verilen dersler yolculuğumu daha da anlamlı kılıyor. Hayat, gerçek benliğimizi tamamen bulmamız, öğrenmemiz için yapılan bir yolculuk. Yaşananlar, devamlı tekrarlanan dersler epey zaman alsa da kendi gerçeğimize ulaşmamızı sağlayan yol gösterici deneyimler.

Bütün başarısızlıklarınıza teşekkür edin, ben ediyorum.

ALTINCI DÖNGÜ

KENDİNİ SEV!

- **Güne Şarkı Söyleyerek Başla!**
- **Kahkaha At!**
- **Kendini Şımart!**

Beş döngüyü geride bıraktığım bu noktada, yolculuğumun kalbinde deneyimlerin, farkındalığın ve sevginin olduğunu gitgide daha çok hisseder oldum. Zorlayıcı, büyük değişiklikler yerine hayatıma renk katacak, güzelleştirecek küçük sırları keşfetmenin iyiliğini yaşıyordum. Kendimi severken güne iyi başlamanın, günü güzel devam ettirmenin ve tamamlamanın yollarını keşfediyordum. Charlie Chaplin, "Kahkahasız geçen bir gün, boşa geçmiş bir gündür" diyor, Fitzgerald ise "Şarkı söylemekten daha güzel bir şey varsa o da daha çok şarkı söylemektir," diyor. Hayatımı zenginleştirmek için ilham alabileceğim sözler aslında hemen önümde duruyordu!

Güne Şarkı Söyleyerek Başla!

Sabahlar hepimiz için günün gidişatını, geri kalanını nasıl deneyimleyeceğimizi belirleyen zaman dilimleridir. Her sabah saatin erteleme düğmesine basıp "*Uyanmak istemiyorum. Yine mi sabah oldu! Off, bugün yapmam gereken işlerin hepsinden nefret ediyorum!*" diyerek güne başlarsak, bu düşüncelerimiz ve hislerimiz tüm olumsuzlukları beraberinde getirir. Güne başlarken gün boyu yaşayacağımız deneyimler için olumlu düşünceler çağırırsak bu oyun bozulur.

Hissetmek istediğim şekilde davranma kararım neticesinde eski bir alışkanlığımı tekrar, bu sefer düzenli olarak hayatıma sokmaya karar verdim. Eski bir reklam şarkısının sözleriyle, yani "*Günaydın güneş, günaydın yeşil ovalar, günaydın mis kokulu yaylalar, günaydın, günaydın, günaydın...*"la panjuru kaldırıp odamın penceresini açmaya başladım her sabah. Böylelikle güne, yaşamamız için yiyeceğimizi, içeceğimizi veren, hatta öldüğümüzde bedenimize ev sahipliği yapacak toprak anaya da teşekkür ederek başlamış oluyordum. Ama öncesinde yapmam gereken, alarmın erteleme tuşuna beş kere basmaktan vazgeçmekti. Bir kere basacaktım ve sonraki on dakika, yani uyandırma zili tekrar çalıncaya kadar güzel geçen gece uykusu için teşekkür edip yatağı hissederken olumlu düşünceler çağıracaktım:

"Bugün yepyeni bir gün. Bugün yeni bir başlangıç. Yaşayacağım sonsuz seçeneklere kendimi açıyorum. Bugün kendimi hislerime açtığım, değerimin farkında olduğum muazzam bir gün. Bugün tamamen sevgi enerjisinde titreştiğim bir gün. Ben bu yeni günümde istediğim bütün huzuru ve mutluluğu hayatıma çekiyorum. Hayat beni seviyor ve bugün gerçekten güzel bir gün olacak. Evet, var olan her şeyi seviyorum."

Kahvaltımı gazetelerimi okuyarak yatağımda yapardım zaten. Bu ritüelimin önüne sadece on dakika süren bu olumlu düşünceleri çağırma ritüelimi koymam yeterliydi. Ne kadar acelem olursa olsun, bir yudum bile olsa çayımı yatağımda içerdim. Eğer herhangi bir sebepten dolayı bunu yapmadan evden çıkarsam o günümden hayır gelmezdi. Bir şeyleri acele etmeden yapmaktan hoşlanırım. Güne başlayıp insanların arasına karışmadan önce mutlaka yatakta kendime ayırdığım özel bir saatim vardır. Bunu da keyfini çıkara çıkara yaparım. Yataktan kalktıktan sonra giyinip evden çıkmam ise sadece on beş dakikamı alır, makyaj dahil.

Eskiden moralim bozuk uyandığım günler de oluyordu, ancak bu alıştırmaları yapa yapa o günlerden kurtuldum. Meğer her şey olumlu düşünceleri çağırmaya bağlıymış. Sabah randevularından, toplantılarından hep kaçınırım. Kendi düşünce ve duygularımla bağlantıda kalabildiğim bir zamanım olsun isterim. Herhangi bir şekilde bir işim çıksa bile yine de ne yapar eder kendime bir on dakika ayırırım. O on dakika bile fark yaratabiliyor.

Pek çok kişi için sabahları kendine zaman ayırmak lüks gibi gözükse de bu zaman dilimini mutlaka yaratmalıyız. İşe erken gitmeniz gerekebilir veya çocuklarınızı okula hazırlamak zorunda kalabilirsiniz. O durumda sadece on beş dakika erken uuyanın, bu kadarı yeterli, hatta gerekli de.

Çocukların sabahları ne kadar zor uyandığını, sıcacık yataklarından çıkıp buz gibi mutfağa gitmelerinin onlar ve dolayısıyla anne babalar için ne kadar güç olduğunu iyi bilirim. Evet, bir zamanlar ben de çocuktum. Mesela annem bu zorluğu ortadan kaldırmak için süper bir formül geliştirmişti.

Hiç unutmam, evin bazı yerlerine küçük notlar asardı. Bazı günlerde ya çikolata ya şeker ya da minik bir hediye koyardı notların yakınlarına. Sabah bizi uyandırdığında, "*Haydi bakalım, bu sabahki notu ilk kim bulacak*?" diye seslenir, böylelikle yataktan hemen kalkmamızı eğlenceli bir hale getirirdi. Şimdiki aklımla düşününce annemin ne kadar akıllı bir kadın olduğunu daha iyi anlıyorum.

Sabah ritüelini hayatıma çok güzel oturtmuştum. Küçük dokunuşlarla hayatımı değiştirebilmek inanılmaz keyif vermeye başlamıştı. Üstüne üstlük taş atıp yorulmuyordum da. Sadece iyi düşünmem yeterliydi bunlar için. İyi düşündüğümüz zaman iyi hissederiz, iyi hissettiğimizde doğru seçimler yaparız. İyi hissedip doğru seçimler yaptığımızda da hayatlarımıza daha fazla olumlu deneyimler seçeriz. Aslında bu kadar basit. Tek yapmamız gereken, düşüncelerimize özen gösterip farkına varmak ve kötünün yerine iyiyi koymada uyanık olmak.

Bir sabah ritüelimi yapıp yataktan çıktıktan sonra dişlerimi fırçalarken aynada kendime baktım. Yıllardır bildiğim halde hiç uygulamadığım *ayna çalışması* geldi aklıma. Uygulayan herkesin çok tavsiye etmesine, hatta ısrarla yapmamı istemesine rağmen nedense hiç yapmamıştım. Halbuki yapmam gereken çok basitti. Sadece aynaya bakıp, "*Seni seviyorum. Seni gerçekten seviyorum, Saba. Seni gerçekten çok seviyorum*" diyecektim. Bu şimdi aklıma geldiğine göre yapmanın da zamanı geldi diye düşündüm. Ya kendimi daha çok sevmeye ihtiyaç duyduğum bir dönemdi ya da kendimi artık daha çok sevip onaylayacağım bir döneme girmiştim. Önemli olan, bunun aklıma gelmiş olmasıydı ve *ayna çalışmasını* hemen uygulamaya başlamalıydım, ertelemelerle tekrar unutmadan. Olumlu düşünceleri çağırdıkça, nicesini çağırasım geliyordu, çağırdıkça içim coşuyordu adeta. Coştukça da yeni çağrıları ekliyordum. Duş alırken, "*Bedenimi seviyorum. Bu suyla negatif düşüncelerden, enerjilerden arınıyorum*" olumlamasına geçtim. Böylece yaptığım her eylemi mutluluk yolculuğuna hizmet eder hale getiriyordum.

Sabahları güne şarkı söyleyerek başladıktan sonra gün içinde keyfimi artıracak şarkılar bulmaya, onları dinlemeye, hatta bazen söylemeye başladım. Şarkıların, müziğin hayatımızdaki etkileri göz ardı edilemez. Tek yapmamız gereken, umut ve neşe veren şarkıları seçmekti. Mutluluk yolculuğumda artık melankolik, depresif sözleri olan, ayrılığı hatırlatan, hasret, acı çektiren şarkıları dinlemek yoktu. Aklıma ilk gelenlerle bir şarkı listesi yaptım:

- Sezen Aksu – Doya Doya Seviş Benimle
- Ajda Pekkan – Ah Ne Günler, Eğlen Güzelim, Bambaşka Biri
- Hande Yener – Küs
- Athena – Kendi Yolumda
- Whitney Houston – I Wanna Dance with Somebody
- Lime – Unexpected Lovers
- Matteo Brancaleoni – This is My Life
- Frank Sinatra – My Way
- Demet Akalın – Çalkala

- Sezen Aksu - Rakkas
- Sertab Erener - Sakin Ol
- The Weather Girls - It's Raining Men
- Emel Müftüoğlu - Hovarda
- Sezen Aksu - Hadi Bakalım

Cep telefonumun melodisini mutluluk veren, umut veren bir şarkıyla değiştirdim. Alarm müziğim kuş cıvıltılarıydı. Yolculuklara çıkmadan önce mutluluk veren şarkılardan oluşan bir play-list hazırlıyordum. Dinlediğim şarkılar mutluluk yolculuğumda mutluluk planıma hizmet ediyordu artık.

Hayat, yaşayan bir olgudur.

Kahkaha At!

Kahkaha sembolü olarak "*Yüksek sesle kahkaha at!*" demem çok normal değil mi? Kendi özelliğim olduğu için değil, kahkahanın mucizelerini bizzat yaşadığım için öneriyorum kahkaha atmayı.

Ben her zaman kahkaha atan bir insandım. Ancak desibelin yükselmesi, yani yüksek sesle gülmem ilk aşk acısıyla gerçekleşti. O zamanlar genç bir kız olarak terk edilmeyi kendime yedirememiştim. On sekiz yaşındaydım ve gerçekten çok âşıktım. Ezik durmamak için, "yıkılmadım ayaktayım" intibası vermek için o kişiyle aynı yerlerde olduğumda daha yüksek sesle gülmeye başladım. Böylelikle keyfimin yerinde olduğunu, herhangi bir acı çekmediğimi, onu umursamadığımı, mutlu olduğumu görecekti. Genç kafası işte! İçim ağladıkça sesim daha da gürleşmişti. O zamanki bu ilk aşk acısının bana kariyer olarak geri döneceğini, bunun sayesinde insanların kalbinde taht kuracağımı, beni gören insanlarda mutluluğu anımsatacağımı bilemezdim tabii ki. Şimdi şükrediyorum. Tabii bu arada, o "ilk aşkıma" da teşekkür ederim. Şimdi geriye dönüp baktığımda anlıyorum ki, *olan gerçekten hayırlıdır*. Yaşam andan âna sürekli değişir. Hayat hep hareket eder ve bizi bir yerlere götürür. Bu süreçte hiçbir şey kalıcı değildir. Özellikle de hisler...

Acıyı kahkaha sayesinde başarıya, farklı olmaya dönüştürmüş bir kişi olarak en büyük tavsiyemdir yüksek sesle gülmek! Gülün! Güldükçe beynimize "mutluyum" sinyali gider. Nasıl davranırsak öyle hissederiz. Gün geçtikçe nasıl daha mutlu hissetmeye başladığınıza şahit olup içinizdeki karanlığı ve karamsarlığı alt edeceksiniz. Tebessüm de beyne aynı mesajı verir aslında.

Yürüyüş yaparken, duş alırken, yatarken, hatta dizi seyrederken, aklıma geldikçe bir tebessüm yerleştiriyorum yüzüme. Kendini mutlu kabul etmeyen kimse mutlu olamaz. Halden memnun olmak, davranışları değiştirmeye de yardımcı olur. Daha fazla gülmek beni hem daha mutlu eder hem de etrafımdakilerin daha mutlu hissetmesini sağlar. Hayatın en harika zevklerinden biri de başkalarını güldürmektir aslında. Televizyondayken seyircileri de mutlu ettiğimi, eğlendiklerini biliyordum, ama tiyatroda oynayınca seyircinin kahkahasını, gülmesini bire bir duymak, o an için bile olsa karşındakini mutlu etmenin verdiği haz meğer hiçbir şeye değişilmezmiş. Aslında bunu anlamak için oyuncu veya komedyen olmaya gerek yok. Herhangi bir çocuğu düşünün, oyun oynarken başını yastığın altından milyonuncu kez de çıkartsa, sizden beklediği gülücüğü alınca nasıl mutlu olur. İşte aynen bunun gibi.

Kahkaha atmak ister istemez "anda" kaldığımız yegâne eylemdir. Kahkaha atarken geçmişi, geleceği düşünmeyiz. O anda ve oradayızdır. Anda kalabilmek adına yapmaya, hayatımıza geçirmeye uğraştığımız bin bir şey var. Oysa o bin bir şeyin en kıymetlisi kahkaha. Hiçbir emek harcamadan ortaya çıkan bir mucize. Sadece oradayızdır, o anda.

Ayrıca kahkahanın tıp dünyasında kanıtlanmış yararları da var:

- Acıyı hissetmemeyi sağlar.
- Kan dolaşımını hızlandırır ve tansiyonu düzenler.
- İyi bir egzersizdir. Beş dakika kahkaha atmak, 45 dakika hafif spora eşdeğerdir.
- Organlara masaj yapar.
- Bağışıklığı güçlendirir ve hastalıkları engeller.
- Stresi azaltır, yorgunluğu giderir.
- Mutluluk hormonu salgılanmasını sağlar.
- Kaslardaki gerginliği azaltır, kendinizi iyi hissetmenize yardımcı olur.
- Sorunları değerlendirmeyi kolaylaştırır...

Schopenhauer şöyle der: "*Güleç ve neşeli birinin öyle olmak için daima bir nedeni vardır, yani genelde hep böyledir. Başka hiçbir şey diğer tüm Tanrı vergisi lütufların yerini bu nitelik kadar eksiksiz dolduramaz; onun yerini alabilecek başka şey de yoktur. Bir insan genç, yakışıklı, varlıklı ve saygıdeğer olabilir, ama mutluluğu ölçmek istiyorsak o kişinin neşeli olup olmadığına bakarız.*"

Schopenhauer'un bu cümlesini güncellemek gerekirse... Sosyal medyada paylaştığımız fotoğraflarda hep mutlu pozlar veririz; gülerken, eğlenirken. O sırada mutsuz olsak bile o fotoğraf çekileceği anda bir tebessüm yerleştirir yüzümüze, sanki o an hayatımızdaki en mutlu anmış gibi davranırız. İnsanların bizi en güzel halimizle görmesini isteriz. Demek ki kabul etsek de etmesek de bilinçaltımız biliyor, en ufak bir tebessümle bile daha güzel göründüğümüzü. Ben şimdiye kadar hiç sosyal medyada ağlak halini paylaşan birini görmedim. Bu bile bence konunun önemini anlatıyor. Siz ne dersiniz? Mutluluk pozu vermeyi beceriyoruz da, mutlu olmayı bir türlü neden beceremiyoruz?

Sevdiğim bir cümledir: "*Ciddiyet prensipte olur, suratta ciddiyet suratsızlıktır!*"

Neşeli olmak için sürekli espri yapmak zor gibi gelse de göreceksiniz ki, zoraki başlayan bir gülme hemen gerçeğe döner. Çevreye çok açık bir insan olduğum için her duygudan çok çabuk etkileniyorum. Bunun için kahkaha attıracak komedi filmleri, komik insanlar, komik olaylar vazgeçilmezimdir.

Düşüncelerimiz hayatımızı doğrudan etkiler. Hepimiz yürüyen ve konuşan bir radyo istasyonuyuz ve her an enerji sinyalleri alıp veririz. Aldığımız ve verdiğimiz sinyallere dikkat etmeyi öğrendikçe düşüncemizi, yani vericimizi daha olumlu bir frekansa ayarlayarak hayatımızı daha güzel bir hale getirebiliriz. Bu gerçeklikten yola çıkarak benim dışımda olmasına rağmen yine de beni farklı şekillerde etkileyen, kendi frekansına çekebilen acı, endişe, korku, acıma, dram duygularımı tetikleyen dış etkenlere dur dememin zamanı gelmişti. Mesela dram yüklü dizilerden, acıklı filmlerden, korku filmlerinden, üçüncü sayfa haberlerinden, insanları en mutsuz halleriyle gösteren programlardan, sürekli negatif düşünen insanlardan, acıyla beslenmeyi tercih edenlerden, acıklı şarkılardan, devamlı hastalıktan konuşanlardan olabildiğince korumalıydım kendimi.

Kendimi depresif, korku dolu enerji içine sokmanın olumsuzluğu sürdüreceğini biliyordum artık.

Olan biten her türlü mutsuz şey, ne kadar uzağında kalmaya çalışırsak çalışalım karşımıza geliyor. Sosyal medya bombardımanından kaçmak imkânsız. Madem gerçek bu, neden dramı ve mutsuzluğu özellikle arayıp bulmaya çalışayım? Ben iyiliğin, mutluluğun tarafındayım mutluluk yolculuğumda.

Kahkahayla gülmek, kendinle dalga geçmek, hissetmek istediğin şekilde davranmak yeni bakış açısı getirir. Sırf "Kahkahayla gülmek" gülmenin ötesine de geçer. Gülerek tepki vermek, gururdan, savunmacılıktan, bencillikten vazgeçme anlamına gelir.

Eski dostlarla oturup eski günleri yâd ederken hep güzel ve güldüğümüz anları paylaşmaz mıyız? Bize hayattan geriye kalan ve bizimle sonsuzluğa yolculuk edecek olan, neşeyle gülünen anlardır.

Her zaman gülmek için bir sebep, kahkahalarla gülmek için bir neden ararım. Yaşamın en harika zevklerinden biri de başkalarını güldürmektir bence. Ne de olsa hayat sonsuz seçeneklerle dolu. Ya başınıza gelen olumsuzluklara ağlaya ağlaya kendinizi daha da dibe vurup, içinden çıkamadığınız bir hale getirirsiniz ya da kahkahalar atarak o olayı âdeta bir sineksavar gibi başınızdan savuşturur ve yine kahkahalarla sizi yükseltecek bir forma sokarsınız. Hayat güldükçe güzelleşir, ben seçimimi hayatımı güldükçe güzelleştirmekten yana kullanıyorum.

Kendini Şımart!

Mutluluk planım sırasında belki de aldığım en önemli kararlardan biri, kötü bir gün geçirsem bile bunun "iyi bir kötü gün" olmasını sağlamaktı. Ancak iyi bir yaşam sürersem mutluluk kendiliğinden gelir demek yerine kendimi mutlu edecek, mutluluğumu artırmama yardımcı olabilecek şeyler için vakit ayırmalıydım. Bunun için Moralim bozuk olduğunda moral düzeltici stratejilerimi uyguluyordum.

En değerli ve en önemli benim. Ben varsam her şey var, ben yoksam hiçbir şey yok. O zaman kendimi mutlu etmem, şımartıp ödüllendirmem gerekir. Aslında bu çok eskiden beri uyguladığım bir şey. Kendime bir hedef koyarım ve ona ulaşınca kaç para olursa olsun en istediğim şeyi alıp kendimi ödüllendiririm. Gece programı yapmayı çok istediğim zamanda bu formülü hayatıma sokmuştum. Almayı çok istediğim bir saat vardı ve gece programına başlayıp başarılı olduğumda transfer edilirsem alacağım diye kendime hedef koymuş, bütün bunlar gerçekleştiğinde de almıştım.

Bunu hep öyle hedef olarak değil, keyif olarak da uygularım hayatımda. Mesela her pazar banyo ritüelim vardır. Küveti suyla doldurup, mumlar yakıp, hoş bir müzik koyup 15 dakika suyun içinde yatarak keyif yaparım. Eğer küvet yoksa yine mumları yakıp müziği açar, bu sefer akan suyun altında otururum. Bunu yapabilmenin yalnız yaşamakla ilgisi de yok, eğer niyetin varsa herkes uyuduktan sonra kendini mis gibi ödüllendirebilirsin.

Salonumdaki vazoyu canlı çiçeklerle süslemeye başladım. Mis gibi kokan çiçekler eve geldiğimde bana huzur veriyordu. İlk başlarda kendi kendime çiçek almak beni üzmüş olsa da bu duygudan hemen kurtulup o kokunun bana verdiği mutluluğa odaklandım. Çamaşır çekmecelerine lavantalar koydum. Odama hoş kokulu mumlar aldım ve akşam meditasyonumdan önce onları yakmaya başladım. Günlük rutinim içinde yaptığım ve yapmam gereken şeyleri küçük dokunuşlarla keyifli hale getirip zevk alacağım durumlara dönüştürdüm.

Kendini şımartmak hiç de zannettiğiniz kadar zor ve pahalı değil. İster spaya gidersin, ister hamama. İster Maldivlere gidersin ister Şile'ye. Kendini şımartmaya karar verdiğin anda olasılıklar sonsuz, hayal gücün kadar çok sayıda ödülün var!

Kendini mutlu etmek için bazen bir demet çiçek, bir mum bile yeterli olabiliyor. Kahkahalarla evi çınlatmak, bağıra çağıra şarkılar söylemek... Önemli olan hayattan keyif almaya niyet etmek ve kendini sevmek! Tabiatım değişmemişti, ama yaşamımda her gün daha fazla mutluluk vardı artık. Aldığım kararları uyguladıkça doğal mutluluk hedefime doğru başarıyla yol alıyordum.

YEDİNCİ DÖNGÜ

SEVDİKLERİNLE SEVGİNİ PAYLAŞ!

Ailenin Değerini Bil!

• **Ailenin Değerini Bil!**

Günler uzun ama yıllar kısadır. Yaşamın her aşamasını uzun gibi görsek de yıllar düşündüğümüzden daha hızlı geçer. Eski fotoğrafları albüme yerleştirirken fark etmiştim bunu. Annemin, teyzemin hayatta olduğu, ailece beraber olduğumuz yıllar sanki ışık hızıyla geçmiş, geriye sadece anılar kalmıştı. Yarı ağlayarak yarı tebessümle yerleştirdiğim o fotoğraflara bakarken birçok şeyin nasıl hızla geçip gittiğini gördüm o günleri özlemle anarak. Sonsuza kadar kalbimde olacak o anıları düşünürken keşke daha fazla anıyı fotoğraflasaymışız, o anların hepsini keşke kaydedebilseymişiz diye düşündüm. Hızla geçip giden o anları zapt edebilmiş olmayı arzuladım. Geçip giden yıllar, sahip olduklarımızı birbiri ardına yağmalıyordu.

Birden fark ettim ki an, o andı. Ve her an, değerli olduğu kadar uçucuydu da. Çocuklar büyüyecek ve bir daha onlarla oyunlar oynayamayacaktım. Bir gün gelecek onların bir zamanlar küçük birer çocuk olduğunu bile hatırlayamayacaktım belki de.

Aile her şeydir ve her ne olursa olsun onlarla geçirilen zamanın ayrı bir kıymeti vardır. İşte o gün karar verdim; kuzenler, çocuklar, büyükler hep beraberken fotoğraf çekmek dışında cep telefonu kullanılmayacaktı. İlgimiz saçma sapan yerlere dağılmadan birbirimizin, içinde bulunduğumuz ânın tadını çıkarmalıydık. Televizyonu da kapatmaya karar verdik ve bunu ilk yaptığımız gece gördük ki meğer birbirimizle paylaşacağımız ne çok şey birikmiş, ne kadar çok konuşacağımız şeyler varmış. Kâh oyunlar oynadık, kâh dans ettik, kâh yitirdiklerimizi anıp hüzünlendik. Ama sonunda, uzun zaman sonra hep beraber geçirdiğimiz en kaliteli zaman dilimini yaşadığımız için mutlu olduk.

O günkü yemek esnasında bu duygularımdan bahsedince kuzenim hemen atıldı ve sadece fotoğrafların ona yetmeyeceğini, bundan sonra çocuklarıyla günün en mutlu anlarını yaşayacağını, bunu da yaşatmak için bir günlük tutacağını söyledi. Bunun çok iyi bir fikir olduğunu düşünmekle beraber ben, anıları kalbime yazmaya devam ediyorum.

Yaşamın her evresi kendi özel sevgi türüne sahiptir. Ne kadar çok sevgi verirsem o kadar çok sevgi alabileceğimi de çok iyi biliyorum. Şimdi dönüp de geriye baktığımda sevgi dolu bir ailede büyümüş olmamın ne kadar önemli olduğunu görüyorum. Sevgiyi en koşulsuz, en yoğun hissettiğimiz yer ise ailemiz kuşkusuz. Çocuk olduğum için o zamanlar farkına varamamıştım, ama bana önemsiz gelen, hatta söylene söylene yaptığım birçok şey meğer şimdiki "ben"in temelini oluşturmuş ve ailemizi daha da kenetlemiş birbirine.

Evli ve çocukları olan bir arkadaşımın evine birkaç günlüğüne misafir olduğumda sevgi ve ilgi göstermenin ne kadar önemli olduğunu bir kere daha anladım. Onlarda çocuklar okuldan eve geldiğinde kapıyı evdeki yardımcı açıyordu. Kısa bir merhabanın ardından hemen odalarına geçiyorlardı. Birbirlerini öpmeden, sarılmadan... İki çocuğunun da ne kadar sorunlu olduğunu, hiçbir şeyden mutlu olmadıklarını ve her şeyden şikâyetçi olduklarını anlatıp duruyordu arkadaşım. Devamında eşi geliyordu eve, yine yarım yamalak bir merhabayla geçiştiriyorlardı. Akşam yemeği saati geldiğindeyse arkadaşım, yardımcısına yemekleri ısıtmasını söylüyor, yemekler tepside önümüze geliyordu. "Çocuklar?" diye her seferinde soruyordum, "Onlar çoktan yediler" yanıtını alıyordum. Odalarında televizyon seyrederek yiyorlarmış, düzenleri böyleymiş. Bana anlattıkları, evin ortamı, evdeki sevgisizlik ve ilgisizlik beni allak bullak etmişti. Son gece sabahın saat dördüne kadar yatağın içinde bir sağa bir sola döndüm.

Bizim evde babam sofra düzeni konusunda çok titizdi. Yemek saati hep beraber sofraya oturulur, en iyi yemek takımlarına yemekler konur, sofrada mum olur ya da mum yoksa çiçek olur, fonda hoş bir müzik çalar, sohbet ederek yemeklerimizi yerdik. Saatlerce masada oturmak zorunda kaldığımız için kardeşimle genelde çok sıkılırdık. Çoğu gece onlara dans gösterisi yapıp geçiştirmeye çalışırdık kendimizce. Yemek bitince herkes tabağını mutfağa götürürdü, sonra televizyon karşısına geçerdik. Biraz televizyon seyrettikten sonra anne babamızı öper yatardık. Sabahları annem kahvaltımızı hazırlar, bizi giydirir, okul servisinin bizi alacağı durağa götürür, bizi öperek okula yollardı. Eve geldiğimizde de "*Aman da mektep kokularım geldi!*" diye sevinçle kapı açılır, tekrar öperdi bizi. Akşamüstü okul dönüşü çayımız hazır beklenirdik. Arkadaşımın evindeki o birkaç günlük misafirliğimde hiç böyle şeylerle karşılaşmamıştım ve bundan dolayı şok içindeydim. Yardımcı, çocukları uyandırıyordu, kahvaltılarını yedirip okula yolluyordu. Sonra kocası uyanıp bir kahve içip işine gidiyordu. Aynı evin içinde birbirinden kopuk hayatlar yaşanıyordu. Ortak yapılan ne bir aktivite ne bir paylaşım vardı. Bütün bunları gözlemlerken ilk başta susmayı tercih ettim. Sonuçta kendilerine göre bir düzenleri vardı ve ben dış kapının dış mandalı olarak karışmamalıydım.

Ama tabii ki sözünü esirgemeyen ben kendimi daha fazla tutamadım. Son gün akşamüstü uçağıyla İstanbul'a geri dönecektim ve dönmeden önce arkadaşımla bu konuyu konuşacaktım. En kötüsü, "Sana ne" deyip beni terslerdi. O zaman da "Nasıl olsa döneceğim" dedim kendime. Yıllar sonra çocuklar daha da sorunlu hale gelmeden, iş işten geçmeden düşüncelerimi paylaşmalıydım. Çocuklarını deliler gibi sevip üzerlerine titriyordu, ama ilgi ve hissettirme tarzında problem vardı. Aile olma düzenini kuramamıştı. Böyle giderse kocası da daha ilgili birini bulup kendine başka bir hayat seçebilirdi ayrıca.

"*Öğlen seninle dışarıda baş başa yemek yiyelim,*" dedim. Müthiş keyifli bir restorana götürdüm onu. "*Belki de duymaktan hoşlanmayacağın şeyler söyleyeceğim sana. Kaç gündür düşünüyorum ve ben senin evinde kalabilecek kadar dostunsam bunları söylemeye hakkım var, çünkü günün birinde hayatının sonuna doğru ya da büyük bir felaketin sonrasında geriye bakıp o zamanlar çok mutluyduk ve bunu anlayamadım diye düşünmeni istemiyorum?*" diye söze başladım. "*Mutlu olmak için karşılıklı anlayış, sevgi ve destekten güç alan özel bir ilişki isteriz. Sizin ailece bunu oluşturamadığınızı üzülerek deneyimledim. Bu kadar ilgisiz bir ortamda sorunsuz ve ruh sağlığı yerinde evlatlar büyütmen pek mümkün görünmüyor. Sen bunları göz ardı edersen, istediğin kadar pedagoglara git, bir faydası olmaz,"* diye devam ettim. Gözüme çarpan her şeyi açık açık söyledim. Bir ara biraz fazla ileri gittim galiba, çünkü arkadaşım bir anda karşımda ağlamaya başladı. "*Her kelimende çok haklısın, ben nasıl toparlayacağım!*" dedi. Baktım konu daha da uzayacak ve bana ihtiyacı var. Hemen uçak biletimi geceki en son uçuş biletiyle değiştirdim. "*Şimdi rahatla, sakin ol, bir plan yapacağız,*" dedim. Garsondan bir kâğıt ve kalem istedik, başladık planımızı yapmaya.

Sabah çocuklarını kendin uyandır. Okula gönderirken, akşam eve döndüklerinde, akşam yatmadan önce muhakkak her ikisine de sarıl ve onları öp.

Bütün araştırmalar bize öpüşmenin yakınlık duygusunu artırdığını, stresi azalttığını ve bağlılığa teşvik ettiğini söylüyorsa bunu daha fazla ertelememek gerekir. Çiftler sık sık birbirlerine dokundukları, birbirleriyle öpüştükleri zaman birbirlerine karşı daha bağlı, daha sıcak hissederler. Daha sevecen davranmak, daha fazla sevdiğini hissetmeni ve daha fazla sevildiğini hissetmeyi sağlar. Çocuklarına da, eşine de eve geldikleri zaman, baştan savarcasına değil, sımsıcak bir "hoş geldin öpücüğü" ver. Aile üyelerinin diğerleri tarafından önemsendiklerini, kapıdan içeriye her girişte hoş karşılandıklarını bilmesi, hissetmesi gerekir. Bir tek onun değil, tüm aile fertlerinin birbirine bunu yapması gerektiği konusunda hemfikir kaldık. Aile bireylerinden biri eve geldiğinde ya da evden çıkarken herkesin o kişiye birkaç saniye bile olsa dikkatini vermesi kuralıydı bu. Bunu oturtmak için ilk başta diğerlerini dürtecek kişi kendisiydi. Azıcık gayretle alışkanlık haline gelebilecek, gerçek bağ oluşturacak minik ama çok önemli bir kuraldı.

Akşam yemeği ailece yenecek.

Her akşam beraber yenilen yemek aile içi sohbeti artırır. Herkes o gün ne yaşadığına dair anısını anlatır. Mutlu bir anı da olabilir, mutsuz bir anı da. Bu beraberinde minnet duymayı getirir, "yalnız değilim, beraberiz" duygusunu, güvenini perçinler. Birbirinize karşı düşünceli davranmayı besleyip güçlendirir. Aileler birlikte yemek yeme alışkanlığı edindiğinde çocukların okullarının daha iyi gittiği, daha düzgün davranışlar sergilediği, birçoğunda kötü alışkanlıkların gözlemlenmediği de araştırmalar sonucu tespit edilmiş.

Çocuklarla özel zaman geçirilecek.

Ailecek yapılan aktiviteler ne kadar önemli olursa olsun, ondan daha önemli olan şey, birlikte özel zaman geçirebilmektir. Bu beraberinde biraz fedakârlık getirir, ama sonuçta fedakârlığa değen bir şeydir. Kendimden örnek vererek başlamıştım. Her ne kadar hep bir arada olsak da yeğenlerime teker teker zaman ayırırım. Bunu yapmaya bir yıl önce başlamıştım. Biri erkek, diğeri kız olduğu için bazı zamanlar birlikte yapmaktan hoşlandıkları şeyleri bulmakta zorlanınca vermiştim bu kararı. Bir hafta perşembe okul çıkışı erkek olanla onun istediği özel bir şey yapıyordum, diğer hafta perşembe diğeriyle.

Hepimize çok iyi gelmişti bu uygulama. Hatta öyle ki kardeşim de, yani anneleri de bunu yapmaya başlamıştı. Devamlı bir yerlere yetişmeye çalışarak, koşturarak geçen haftanın içinde sakin huzurlu birkaç saat geçirmek daha çok şey paylaşabilmemize yol açmıştı. Bunu hemen uygulamaya başlamak konusunda ikna oldu arkadaşım. Pazartesi ve cuma şeklinde haftasını iki çocuğuna bölmeye karar verdi. Okul çıkışı sadece bir saat bile olsa bu düzeni tutturmaya kararlıydı.

Gelenekler unutulmayacak.

Geleneklerine çok bağlı ve düşkün bir aile olduğumuzdan arkadaşımla yeni kararları üzerine plan yaparken onlarda bu tür ilişkilerin ve geleneklerin olmaması beni hayrete düşürmüştü. Her ne kadar fazla tepki vermemeye çalışsam da yüzümdeki ifadeden anlamıştı bunu. "*Siz ne yapıyorsunuz?*" diye sordu. Doğum günleri değildi benim bahsettiğim. Bütün aile büyükleriyle bir arada yapılan bayramlaşma mesela. Geleneklere uyulması bana göre yuvanın en önemli unsurlarından biridir. Beklenti, süreklilik hissi verir. Geleneklerin, eğlenceli oldukları kadar fiziksel ve duygusal sağlığımıza da büyük etkileri vardır.

Geçen bayram teyzemlerde bayramlaşmaya gitmek yerine bütün teyzeleri, enişteleri, kuzenleri ve çocukları kahvaltıya davet etmeye karar verdim. Bunun için tabii ki Kemal Eniştemden icazet almalıydım. O da bunu seve seve yapabileceğimi söyleyince çok hoş bir kahvaltı yerinde yer ayırttım. Bayram sabahı hep beraber buluştuk. Bayramımızı kutladık. İnanılmaz keyifli bir kahvaltı yaptık. Oyunlar oynadık, fotoğraflar çektik. Zaman öylesine çabuk akıp geçmişti ki bir saat diye planladığımız kahvaltı, anılar havada uçuşunca tam üç saat sürmüştü. Küçük bir seçimle büyük bir anı kazanmıştık ve bundan sonraki tüm bayramlaşmalarımızı kahvaltı masasına taşımaya karar vermiştik.

Bir akrabadan diğerine gitmek için her yerde daha az oturacağımıza hep beraber daha uzun ve kaliteli bir zaman paylaştık. Bu fikir arkadaşımın da çok hoşuna gitmişti. "*Kızım sen bir dâhisin!*" diye sevinç çığlığı attı.

O gün elindeki listeyle beni uğurladı ve İstanbul'a döndüm. Sonraki üç ay boyunca hiç konuşmadık. Acaba ne yaptı diye için için çatlıyordum meraktan, ama tuttum kendimi. Arayıp sormadım ve bir gün eve geldiğimde kocaman bir sepetle karşılaştım. İçinde çikolata paketi, çiçekler, bir yemek masasında ailecek çektirilmiş fotoğraf ile bir şişe şampanya vardı. Ve de bir kart:

"*Aile olmayı başarmamıza vesile olduğun için sana nasıl teşekkür edeceğimizi bilemedik. İnşallah çok çok mutlu olursun benim güzel kalpli, öngörülü arkadaşım. Bu şampanyayı senin gerçek değerini anlayan biriyle içmen ve en güzel anılarını paylaşman dileğiyle... Seni seviyoruz.*"

Sevgi hissettirdikçe çoğalır. Hayat yolculuğunda güvenli bir şekilde yol almamızı sağlayan, bugün verdiğimiz birçok kararın ardında yatan aslında ailemizle kurduğumuz ilişkide ve bağda gizli. Sevgiyi bu bağa ne kadar eklersek, mutluluk yolculuğumuz da o kadar güzel olacak...

SEKİZİNCİ DÖNGÜ

MUTLULUĞUNU SATIN AL!

- **Parayı Kendine Çek!**
- **Algını Aç!**
- **İstiflemekten Vazgeç!**
- **Mutluluğu Artıracak Şeylere Para Harca!**

Birçok kişi mutlu olmak ve sorunlarından kurtulmak için tüm ihtiyacı olan şeyin para olduğunu düşünse de büyük bir servete sahip olmasına rağmen birçok sorunu olan binlerce kişi biliyoruz. Paranın her şeyi çözmediği açık. Hepimiz mutlu ve huzur dolu bir zihinle keyif içinde yaşamak isteriz, ama mutluluk ve refah içsel bir iştir. Herkes refahın mutluluk getirdiğine inansa da mutluluğun geldiği yer orası değil. Biliyorum ki kendini sevemezsen, şükredemezsen, affedemezsen paranın sana yardımı sadece daha fazla araba sahibi olman olur.

Parayı Kendine Çek!

"*Parayla mutluluk satın alınamaz*" sözü her ne kadar doğru olsa da, paranın yararlarının olduğu gerçeğini de göz ardı etmemem lazımdı. Maddi açıdan kafanın rahat olması, dengeli, daha neşeli ve anlamlı deneyimler peşinde koşmaya vesile olsa da, *para tek başına mutluluk getirir mi* sorusu peşi sıra aklıma geldiği için bu konuya yoğunlaşmaya karar verdim.

Aslında paranın hepimiz için farklı bir önemi vardır. Seyahat etmeyi seven için farklı, hastalıkla mücadele eden bir kişi için farklı, koleksiyoner için farklı, ev kadını için farklı, iyi bir eğitim almak isteyen kişi için farklı önemlere sahiptir. Her şeyin başı sağlık olduğuna göre, sağlıklı bir kişi eğer yoklukla mücadele ediyorsa bolluğu ve bereketi kendisine çekebilmenin bir formülü olmalıydı. Çünkü insan düşünce gücüne sahiptir. Hem para hem de sağlıktan yoksunluk, mutsuzluk getirir bu bir gerçek. Bunlarla ilgili bir sorunumuz olmadığında üzerlerinde düşünmeyiz bile. Sağlıklı olmak bir mutluluk garantisi olmasa da (birçok sağlıklı ve aynı zamanda mutsuz insan olduğuna göre) bu sağlığın mutluluk için önemli olmadığı anlamına gelmez. Tıpkı para gibi. Her ikisini de bilinçli bir şekilde hayatımıza çekersek mutluluğa önemli ölçüde katkıda bulunmuş oluruz. Bazı araştırmalara göre mutlu insanlar daha çabuk zengin olur, çünkü başkaları için daha çekicidirler ve mutlulukları başarılı olmalarına katkı sağlar.

Her ne kadar *çekim yasası* sözünü son dönemde duymaktan sıkılmış olsam da kabul etmem gerekir ki bu yasa evrendeki en önemli yasadır. Geçmiş deneyimlerime bakınca, bunu çoğu zaman bilinçsiz de olsa hayatımda uyguluyordum. Mutluluk yolculuğumla beraber bunu bilinçli hale getirmeye başladım. Hep söylediğim, *hissetmek istediğin gibi davran* mottom aslında çekim yasasının ta kendisiydi. Her düşünce titreşir, her düşünce bir sinyal yayar ve her düşünce kendine benzeyen bir başka sinyali kendine çeker. Radyo frekanslarını düşünün. Herhangi bir FM frekansını açtığımızda çok yakınındaki başka bir frekansı dinleyemeyiz. Frekanslar eşleşmelidir bunun için. Bizim de enerjimizin hayatımıza çekmek istediğimiz şeylerler, bu gerek para, gerek sağlık, gerek aşk, her ne olursa olsun, radyo frekanslarında olduğu gibi aynı frekansta olması gerekir, aksi takdirde bizi pas geçer.

Arzu ettiklerimize henüz ulaşamamış olmamızın nedeni tamamen kendimizi isteklerimizin titreşimine uygun düşmeyen bir titreşim içinde tutmamızdır bence. Tek yapmamız gereken, isteklerimize karşı koyan düşüncelerimizi serbest bırakmak. Arzu ettiğimiz bir şey söz konusu olduğunda eğer dikkatimizi ona sahip olamamaya verirsek, o zaman çekim yasası da onun olmayacağı yönünde titreşimler alır ve biz de o isteğe kavuşamamaya devam ederiz.

Algını Aç!

Madem çekim yasası gibi bir gerçek vardı ve bunun nasıl işlediğini de biliyordum, neden hayatımın her alanında bunu uygulamayı erteliyordum? "Acaba?" sorusu veya sabırsızlığım bazı şeylere ulaşmamı engelliyordu. Örneğin kavga ettiğim erkek arkadaşıma zeytin dalı uzatan bir mesaj attığımda "*Ya cevap vermezse?*" endişesine girdiğim anda cevap gelmiyordu. Acaba şüphesi ve yaydığım endişe titreşimiyle kendi kendimi bloke ediyordum. Oysaki daha önce attığım başka bir mesajı, ânında cevap yazacağını ve barışacağımızı bilerek ve hissederek atmıştım, öyle de olmuştu. Bunun farkına varınca hemen şüphe, kuşku ve endişe titreşimini dönüştürmek, yani o frekanstan çıkmak için niyet ettim ve meditasyon yaptım. Sadece 15 dakika nefes alıp vererek, daha önceki mesajlara nasıl cevap verdiyse şimdi de aynen öyle cevap vereceğini ve barışıp ne kadar mutlu olacağımızı hayal ettim. Meditasyonu bitirip duşa girdim, odama tekrar döndüğümde arzu ettiğim mesaj gelmişti bile. Bu küçücük olayda dahi bunu deneyimleyebiliyorsam o zaman büyük düşünüp büyük adımlar atmam kaçınılmazdı.

Hissediş biçimine dikkat ederek, dikkatimi isteklerime mi, yoksa isteklerimin yokluğuna mı vermiş olduğumu kolayca anlayabiliyordum. Eğer kendimi iyi hissediyorsam demek ki düşüncelerim ile arzu ettiklerim titreşimsel bir uyum içindeydi. Dikkatimi isteklerimin yokluğuna verdiğimde ise endişe, hayal kırıklığı, öfke ve güvensizlik gibi duygular hissediyordum.

Mali durumunuzun iyileşmesi isteği, eğer etrafınızdaki başka insanların şanslı oluşunu kıskanıyorsanız size gelmez, çünkü isteğinizin titreşim ile kıskançlık duygularının yaydığı titreşim farklı titreşimlerdir. Bir şeyi istedikten sonra ağırlıklı olarak onun yokluğuna odaklanırsak onu elde edemeyiz. Kısacası isteklerimizin elde edilebilir olması için istek ve inancımızın titreşimsel olarak aynı olması gerekir.

Para parayı çeker sözü bunun için çok doğru bir söz. Benzer titreşimler birbirini çeker. Paranın size akmasıyla ilgili bir endişeniz olmadığında bir mıknatıs gibi onu kendinize çekersiniz, çünkü yoksunluk veya yokluk titreşiminde değilsinizdir. Çok net hatırlıyorum, daha önce çalıştığım bir kanal yaklaşık bir yıl boyunca ödeme yapmamıştı. Ödeme yapmadığı gibi bir anda kanala el konulmuştu. Her kafadan ayrı bir ses çıkmaya başlamıştı tabii sonrasında. Çoğunluk, paramızı alamayacağımızı iddia ediyordu. Hatta bir toplantı yapıldı ve oradaki bir kişi kendisine içeriden bilgi geldiğini ve kimsenin ödeme alamayacağını söyledi. Bunu duyar duymaz ağzımdan tek bir cümle çıktı: "*Hayat bunu bana yapmaz.*" Herkes şaşkınlıkla bana bakakaldı. Ben tekrar odadaki herkesin gözünün içine bakarak, "*Hayat bana bunu yapmaz. Bunu göreceksiniz!*" deyip toplantıyı terk ettim. Gerçekten de hiçbir şüphe duymadan, bütün kalbimle inanarak söylemiştim bunu ve aynen dediğim, inandığım gibi o kurumdan parasını tamamen alan ilk kişilerden biri olmuştum. Diğerleri ise uzun bir zaman bekleyip uğraşmak zorunda kaldı.

Mesela iflas durumundayken finansal açıdan bolluğa erişebilmenin zor görünmesinin nedeni, zıt yönde ilerlediğinizin farkında olmayışınızdır. Bir şeyi hayal edebiliyorsak ya da sırf onu düşünebiliyorsak bile, bu hayatın onu bize tamamen sağlama kaynakları vardır. Yaşam her zaman hareket halindedir. Her şey durmadan değişir. Yapmamız gereken şey, niyet edip ona inanmaktır. Para konusuna yoğunlaşınca hatırladım. Üç kere piyangodan büyük ikramiyenin isabet ettiği ancak hiç parası kalmayan adamı programıma çıkarmıştım. O zamanki aklımla, bir insana büyük ikramiye üç kere isabet eder de bütün parasını nasıl kaybeder diye düşünmüştüm ve inanamamıştım böyle bir şeyin olabileceğine. Şimdi anlıyorum ki o kişi kaybetme ve tekrar parasız kalma endişesinin ve korkusunun titreşiminden çıkamadığı için, bilincinde hep yokluk deneyimleri olduğu için parasını bir türlü elinde tutmayı başaramamıştı. Hayat ona bu şansı üç kere vermiş ve o bunu değerlendirememişti. Elimizde olmasına izin verdiğimiz para tamamen düşünce sistemimizle ve çocukluğumuzdan başlayarak günümüze kadar getirdiğimiz parayla ilgili öğrendiklerimizle alakalı. Refahla birlikte bilincimizi de değiştirmemiz gerekir.

İstiflemekten Vazgeç!

Para akışı, bolluk ve bereket konusunda yoğunlaşınca farkında olmadan bu akışı engelleyen şeyler yaptığımı fark ettim. Bolluğa güvenmemi bloke eden davranışlardan ve alışkanlıklardan vazgeçmem gerekiyordu. Bunun için bollukla bereketin akışına koşulsuz bir şekilde inandığımı kanıtlamam gerekiyordu. Buna eşyalarımı vererek başlamıştım bile. Hepimizde vardır yeni ve daha iyi şeyleri "kötü günler" için saklama alışkanlığı. Ne kadar korkunç, ne kadar kötümser bir titreşim şekli olduğunu söylememe gerek yok sanırım. Bu düşüncede olduğumuz sürece bir gün bunu deneyimlememiz kaçınılmazdır. Oysaki hayat bir gündür, o da bugündür gerçeğinde kalmak gerekir. En iyi yemek takımımızı, iyi iç çamaşırımızı veya salonda kirlenmesin diye oturmadığımız o en rahat koltuğu sonrası için saklamak kendi kendimizi sabote etmekten başka bir şey değildir.

İnsan harcayarak zenginleşir. Bir araştırmada okuduğuma göre bağış yapmanın sadece yüksek gelir düzeyiyle ilgili olmadığı ama gerçekten de daha yüksek gelir elde edilmesini sağladığı ortaya çıkarılmış. Bağışta bulunan insanlar bağışta bulunmayanlardan daha zengin oluyorlarmış.

Kendi hayatımda kullanmaya kıyamadığım ne varsa kullanmaya başladım. Önce yıllardır sakladığım porselen çay takımımı çıkardım, sabah çayımı porselen fincanımdan içiyordum artık. Sadece misafirlerim geldiğim zaman kullandığım yemek takımımı da artık kendim için, kendi keyfim ve zevkim için kullanıyorum. Özel günler için sakladığım takılarımda nasibini aldı bundan onlar da gündelik kullanılmaya başlandı. Kokulu mumlarımı eve misafir geldiğinde değil, tek başımayken de yakıyorum. Artık pamuklu geceliklere de son verme zamanıydı. Yurtdışından alıp da bir türlü giymeye kıyamadığım ipek geceliklerimi uyurken giyiyorum artık.

Açmaya kıyamadığım o en iyi şarabımı açıp bir yudum aldım ve yeni titreşimimi kutladım.

Mutluluğu Artıracak Şeylere Para Harca!

İnsanların mutluluğu bolluk koşullarında olduğu gibi yokluk koşullarında da bulabilmesi çok önemlidir. Zengin ya da yoksul olalım, paramızı nasıl harcayacağımız konusunda seçimler yaparız ve bu seçimlerle mutluluğumuzu artırabilir ya da azaltabiliriz. En büyük endişeler arasında ekonomik sıkıntılar, sağlık kaygıları, işsiz kalma korkusu olsa da doğru harcandığında para bu sorunları çözmede çok yararlı olabilirdi. Çok şükür ki istediklerimi yapabilmek için maddi özgürlüğüm vardı ve böylece paramı mutluluğumu artıracak şeyler için kullanmaya karar verdim.

Harcamalarımızı kendimizi mutluluğa yaklaştıracak ya da uzaklaştıracak şekilde yönlendirmeyi seçebiliriz. Mesela çok kısıtlı bir bütçesi olmasına rağmen kendisini çok mutlu eden o cep telefonunu alan kişiyi takdir ederim. Kendini kıtlık döngüsünden çıkartıp mutlu olmasına sebep olacak bir seçim yapmıştır çünkü. Ender yapılan makul savurganlık mutluluk verir. Benim için evimdeki televizyonun büyüklüğü hiç önemli değildir. İstediğim kanalı izleyebiliyorsam o televizyon benim için idealdir veya kullandığım cep telefonunun çıkan en son model olup olmamasının da hiçbir önemi yoktur. Birisini aradığımda veya biri tarafından arandığımda konuşabiliyorsam veya mesaj alıp cevap alabiliyorsam benim için tamamdır. Araba düşkünlüğüm de yoktur. Araba markası da bilmem. Eğer kullandığım araba ayağımı yerden kesiyorsa ve beni ulaşmak istediğim yere götürüyorsa bu benim için yeterlidir.

Önemli olan, enerjimi ve sağlığımı daha da iyileştirmek, huzurlu bir ev ortamı yaratmak, daha verimli çalışmak, can sıkıntımı ya da öfkemi ortadan kaldırmak ve ufkumu genişletecek deneyimler yaşamak için para harcamaktır. Beni mutlu eden, kendi değer verdiğim şeylere para harcamak ve gerçekten ne istediğimi bilmektir. Paramı hava atmak yerine mutluluğumu satın almak için kullanmayı tercih ediyorum. Sırf oradayım demek için pahalı bir spor kulübüne yazılmaktansa sokakta yürümeyi tercih ederim. Diğer taraftan en beğendiğim çantayı almak için parama kıyarım, çünkü onu kullandıkça haz alırım, mutlu olurum. Seyahate gittiğimde en iyi otelde kalırım. Kahvaltımı odama söylerim, çünkü bu beni mutlu eder, keyiflendirir.

Bir gün o an için beni mutlu eden ancak uzun vadede mutsuz olmama sebep olan harcamalardan kaçınma kararı aldım. Bu kararları almama sebep, yapmış olduğum çılgın bir alışverişti. Deli gibi para harcayıp bir sürü kıyafet almış, o an için kendimi inanılmaz mutlu hissetmiştim. Ta ki kredi kartı ekstrem gelene kadar. Onu elime alınca büyük bir mutsuzluk sarıvermişti her bir yanımı. Kasada hissettiğim kısa süreli mutluluk bana uzun vadede mutsuzluk olarak dönmüştü. Bir anda kendimi, "Ben bunlara bu paraları nasıl verdim" diye dövünürken buldum ve o hışımla kardeşimi arayıp dert yanmaya başladım. Hem kaliteli hem şık, hem seksi hem gece hem de gündüz kullanılabilecek uygun fiyatlı şeyler neden yapmazlar diye söylenirken bir anda beynimde şimşekler çaktı. Kardeşim yıllarca moda okumuştu ve bu işte çok iyiydi. "*Madem başkası yapmıyor, bunu biz yapalım!*" deyiverdim. "*Saçmalama, sinirin birkaç güne geçer, bir daha da böyle alışveriş yapmazsın. Bu sana ders olsun...*" diye beni teselli etmeye çalışırken birden konuşmasını bölüp ve "*Bunu senden başka en iyi şekilde kimse yapamaz. Buna benim ihtiyacım varsa herkesin var. Hemen kafanı toparla ve işe koyul. Hem elegant, hem cool, hem uygun fiyatlı bir kreasyon hazırla. Bu işi biz yapacağız, başka söz istemiyorum!*" deyip telefonu kapattım. Bu konuşmadan bir ay sonra da "*flowbysabatumer*" markasını kurduk. Böylece alışveriş yapma savurganlığımdan da kurtulmuş oldum.

Hepimiz hayatımıza uygulayabiliriz böyle durumları. En basiti, pazara gidin, kendinize çeşitli renklerde kumaşlar alın, karıştırın, dikin, sökün, tekrar dikin! Hem üretkenliğinizin ve hayal gücünüzün sınırlarını keşfedin, hem de az harcamayla çok şey kazanın. Eli dikiş tutan komşunuzla kendinize etekler dikin, elbiseler tasarlamayı deneyin, mahalledeki terzilere daha sık uğrayın. Sizi mutlu edecek şeyi tespit edip üretkenlikle birleştirin, mutluluğunuzu bütçenize göre satın alın.

DOKUZUNCU DÖNGÜ

DAHA YÜKSEĞİ HEDEFLE!

- Endişeyi Bırak, Kafayı Değiştir!
- Varsayımlarda Bulunmayı Bırak!
- Kimseyi Değiştirmeye Çalışma!
- Affetmenin Gücünü Keşfet!

Sekizinci döngünün sonuna yaklaştığım dönemde bir sabah kafamda yine deli sorularla uyandım. Para gibi dünyevi bir konuya dönmüş olmamdan mı sebep bilemiyorum ama mutluluk planımı sorgularken buldum kendimi. Kararlarımı uygulamak için çok uğraşıyordum, ama işe yarıyor muydu? Evet, kendimi eskisinden çok daha iyi hissediyordum, ama bu hali hep koruyabilecek miydim? Yoksa kendimi mi kandırıyordum? Neden her şeyi ben yapıyorum da birileri beni mutlu etmek için bir şeyler yapmıyordu?

Bir anda karamsar bir havaya bürünmüştüm. Endişelerim, "acaba"larım, varsayımda bulunmalarım, korkularım, kısacası olması muhtemel negatifi düşünmeye olağan eğilimim yeniden ortaya çıkmış, kendimi yok yere bir karamsarlığa itmiştim. Artık buna bir son verme zamanı gelmişti. Ne yapıp edip bu kalıplaşmış, enerjimi yiyip bitiren düşünce biçiminden kurtulmam gerekiyordu ve anladım ki esas yapmam gereken şey bakış açımı değiştirmekti.

Endişeyi Bırak, Kafayı Değiştir!

Hepimizde vardır endişe hali. Bu yüzden de yaşadığımız ânın farkına varamayız. Özellikle de gelecekle ilgili endişelerimiz yüzünden. Ya evlenemezsem, ya okulu bitiremezsem, ya batarsam, ya hastalanırsam gibi düşüncelerle hayatı kendimize zehir ederiz. Hiç öyle gözükmesem de bende de vardır had safhadaki bu kaygılar, bu endişeli haller. Bu hislerin, hallerin enerjimi düşürdüğünün de farkındaydım. Hatta bu durumdan kurtulmak için bir dönem psikiyatra gittim ve dedim ki, "*Boş ver kafasına geçmek istiyorum. Bunun için bir ilaç var mıdır?*" Mutluluk yolculuğumda bu duyguyu bırakmak için kendime telkinler de bulunmaya başladım. Aklıma negatif bir düşünce geldiğinde (mesela diyelim ki programım tutmazsa) kendime, "*Şimdi bunu düşünme Saba, olunca düşünürsün. Bununla kendini yiyerek, olmama ihtimalleri kurarak, olumsuz enerjiye hizmet etme,*" dedim. Çünkü biliyorum ki hangi duyguya daha çok enerji yollarsan onun gerçekleşmesine hizmet edersin. Negatifi, yani karanlığı beslemek daha kolaydır. İnsan olarak istediğimiz ve istemediğimiz her şeyi gerçekleştirme gücüne sahibiz. İşte o zamanlarda, "*Olmasını istemediğim olumsuz herhangi bir şey aklıma geldiğinde, bu ihtimali düşünmeyeceğim, iptal ediyorum, daha sonra düşünürüm*" diyerek kendimde terapiye başladım. Zaman geçtikçe de bunun işe yaradığını keşfettim. Terapimi devam ederken internette şu şemayla karşılaştım:

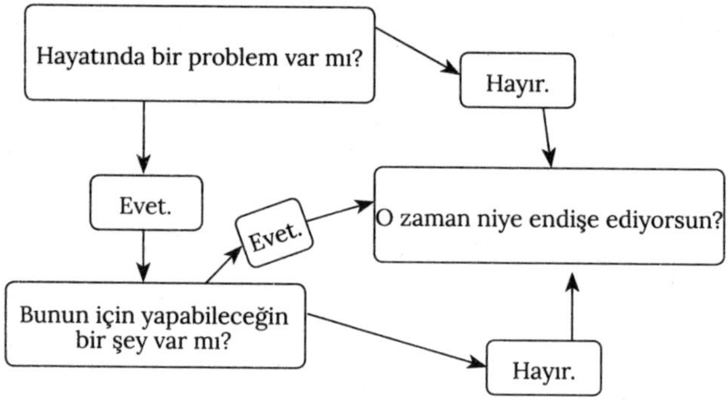

Bu şemayı hayatımda uygulamaya başlayınca bazı şeyleri de değiştirebildiğimi gördüm. Hayatı değiştirmenin en önemli adımı kafayı değiştirmekten geçiyormuş meğer. Bu, huzur duygusunu aktive eden ve huzur bulmamızı sağlayan bir kafa olmalı.

En son uçak korkumda yaşamıştım. Bazıları korkmuyorum dese de uçak türbülansa girdiğinde tüm yolcuların çok korktuğu bir gerçek bence. Her neyse, uçaktaydım. O uçuşu ben seçmiştim, ben binmiştim o uçağa ve uçak kalkmıştı. Hâlâ gergin ve endişeliydim. Dedim ki kendime, "*Şu anda korkuyorum. Bunun için yapabileceğim bir şey var mı? Hayır, yok. E o zaman yapabileceğim ve değiştirebileceğim bir şey yoksa bu korkunun beni ele geçirmesine izin vermek salaklık değil mi? O zaman niye endişe ediyorum? Şu anda buradayım, bunu kabul etmek zorundayım.*" İnanın bu sözleri kendime tekrarlaya tekrarlaya o gereksiz endişe duygusunu kendimden uzaklaştırdım ve bunun nasıl işe yaradığını bizzat deneyimledim.

Olaylara yukarıdan bakmayı, yani kendimi içinde bulunduğum ortamdan soyutlayıp dışarıdan bakabilmeyi başka bir uçak yolculuğumda keşfetmiştim; çok stresli ve her şey üstüme geliyormuş gibi hissettiğim bir dönemde uçağın penceresinden aşağıyı seyrederken. O sırada aşağıda, benim dışımda pek çok şey yaşanıyordu. Düğünler, ayrılmalar, kavgalar, barışmalar, üzüntüler, mutluluklar, doğanlar, ölenler, birbirinin kuyusunu kazanlar, birbirini deliler gibi sevenler... Hayata dair her şey yaşanıyordu ve ben yukarıda acaba nerelerde neler olmakta diye düşünüyordum. Kimi kariyer kaygısı yaşıyordu, kimi ailesinin istediği kişi olmaya çabalıyordu; kimi endişeyle, kimi mutluluğuyla, kimi öfkeyle, kimi sevdasıyla, kimi yeni doğan bebeğinin heyecanıyla. Bir anda her şey çok saçma geldi. Kendi üzüntüme, kaygıma odaklandım. Bunlar gerçekte var mı, yoksa bunları yaratan ben miyim diye sordum kendime. Aşağıdaki Saba'yı hayal ederek gözlerimi kapattım. Uzun bir süre bu soruyu sorup cevabı bekledim. Aslında bunların hiçbiri bana, benim özüme ait değildi; sadece olaylara benim yüklediğim anlamlardı ve ben böyle yaparak aslında kendi kendimi baltalıyordum. O zaman tek yapmam gereken, kafayı değiştirmekti, yani bakış açımı. Kendimi yeni kararlarımla, yeni farkındalığımla yönetmeliydim. Bunu benim için başkası değil, ancak ben yapabilirdim. Aldığım bu kararla kaygılarımı en aza indirmeye çalışarak geleceğimi şekillendirmeye dair bir adım attım. Aynı olaylara aynı tepkileri verdiğim kısırdöngüyü farklı bir bakış açısı, farklı bir kafayla tamamen dönüştürmenin zamanı gelmişti.

Her şeyin "kendimle ilgili" olduğunu düşünüyordum. Oysa dışarıdan bakınca "Ben nasıl bu şekilde düşünüyorsam diğer insanlar da aynı şekilde düşünüyor" tespitinde bulundum. Onlar da olayların merkezine kendilerini koyuyorlardı. Öyleyse benim filmimde onlar nasıl yan karakterlerse onların filminde de ben öyleydim. O zaman olan biten hiçbir şeyi kişisel algılamamalıydım. Peki bunu nasıl başaracaktım? Bu kadar yıldır süregelen bu alışkanlığımdan bir anda nasıl kurtulacaktım?

İtiraf etmem gerekir ki, mutluluk yolculuğumda belki de üzerinde en çok çalıştığım, en çok okuduğum, en çok deneyimlediğim bu kararımdı. Epey zamanımı aldı bahsettiğim kafaya geçebilmem. Hatta hâlâ karşılaştığım her olayda "*Kişisel algılama!*" cümlesini kendime defalarca söylüyor, hayatıma bunu iyice oturtmaya çalışıyorum. Faydasını gördükçe, bunu hayatıma tamamen geçirdiğimde şu ankinden daha da fazla hissedeceğim içsel huzur ve mutluluk için sabırsızlanıyorum.

Bu kararımı uygulamaya başlamakla birlikte hayatımda bazı çözülmeler de oldu. Hepimizin etrafında vardır yalan söyleyen insanlar. Eskiden bana yalan söylendiğinde kızar, üzülür, öfkelenir ve incinirdim. Farkındalığım arttıkça aslında benim de kendime yalanlar söylediğimi gördüm. Onları kişisel değil de gerçekte oldukları gibi görmeye başladığımdaysa artık o eski duyguları hissetmemeye başladım, çünkü artık biliyorum ki onlar korktukları için yalan söylüyorlar, mükemmel olmadıklarının keşfedilmesinden korktukları için. Siz de biliyorsunuzdur, konuşurken mangalda kül bırakmayan ama iş icraata gelince ortadan kaybolan tipleri. Mesela onlar. Birisinin söylediği ve yaptığı şey arasında fark varsa ve siz davranışa değil, söylenene kulak verirseniz, kendinize yalan söylemiş olursunuz. Kendinize doğruları söyleyebildiğiniz de ise boşu boşuna acı çekmekten kurtulursunuz.

"Hiçbir şeyi kişisel algılama!" kararım o kadar büyük bir rahatlama getirmişti ki, bunu daha da içselleştirmeye karar verdim.

Herhangi bir şeyi kişisel algıladığımızda rahatsızlık duyar, savunmaya geçerek tepki gösteririz. Haklı çıkmak isteriz ve bu haklılığımızı kanıtlamak, kendi fikirlerimizi onlara dayatmak için çabalarız. Kendimizi ister istemez duygu çöplüğüne dönüştürürüz. Başkaları tarafından kabul görmeye ve sevilmeye her birimizin ihtiyacı var, ama öncelikle kendimizi kabul edip sevmeliyiz. Bunu yapabilirsek, o zaman biliriz ki karşımızdaki kişinin bakış açısı o kişinin kendi dünyasını yansıtır. Onun fikirleri kendisiyle ilgilidir, bizimle değil. Demek ki en basitinden de olsa biri bana "Çok güzelsin" veya "Çok çirkinsin" dediğinde, bunu kişisel algılamayıp bu sözlerin beni etkilemesine izin vermemeliyim.

Hiçbir şeyi kişisel algılamayın. Ne kadar muhteşem bir insan olduğunuzu söyleseler bile. Önemli olan muhteşem bir insan olduğunuzu kendinizin bilmesidir.

Siz kendinize güven duymayı öğrendiğinizde başkalarının size söylediği şeylere inanıp inanmamayı seçme özgürlüğüne de sahip olursunuz. Doğru seçimler yapabilmek için başkalarına değil, sadece ve sadece kendinize güvenmenin önemini anlarsınız.

Hiçbir şeyi kişisel algılamamayı alışkanlık haline getirdiğimizde yaşamımızdaki birçok acıdan, kızgınlıktan, öfkeden, kıskançlıktan ve üzüntüden kurtuluruz. Kişisel algılamayı bıraktığımızda özgürlüğümüze kavuşuruz. Kişisel algılamamayı alışkanlık haline getirdiğimizde, başkalarının davranışları veya sözleri artık bizi incitemez. O zaman ihtiyacımız olan her neyse onu rahatlıkla isteyebiliriz. Reddedilme korkusu olmadan, istediğimiz kişiye yüreğimizi açıp "Seni seviyorum" diyebiliriz.

Düşünce şeklimi değiştirmeye karar vermem hayatımı değiştirmek için attığım en önemli adımlardan biriydi.

Varsayımlarda Bulunmayı Bırak!

Kendimle ilgili fark ettiğim bir başka gerçekse devamlı varsayımlarda bulunarak hayatı yok yere zorlaştırıp kendime zehir etmemdi. Devamlı varsayımlarda bulunuyordum ve bu da içimde devamlı yeni çelişkiler yaratıyordu. Bir kere varsayımda bulunmaya başladığımda bu hiç bitmiyordu. Varsayımda bulundukça yanlış anlıyordum ve hiç yoktan drama yaratıyordum. Bunu en çok da açıklama istemekten korktuğumda veya gerçeği duymaya cesaret edemediğimde yapıyordum. Arkadaşlarımla daha önce planladığımız muhteşem bir yere tatile gidiyorduk. Amacım, her şeyin üzerime geldiğini hissettiğim o dönemde birkaç gün uzaklaşarak kafamı dağıtmak, havamı değiştirmekti. Her şey bunun için planlanmıştı. Denize girmek, yeni bir yer görmek, yeni insanlar tanımak çok iyi gelecek, hatta amacıma hizmet edecekti.

Erkek arkadaşım hafta içi gittiğimizden dolayı gelemiyordu. Tam uçağa binerken iyi yolculuklar dilemek için aradı. Telefonu kapatırken de "*Cumartesi gününü boş bırak, seninle konuşmak istediğim bir konu var,*" dedi ve bu cümle tatil boyunca varsayımlarda bulunarak o güzelim günlerden keyif almamı engellemeye yetmişti. Daha uçakta başlamıştım kafamda kurmaya.

İlişkide varsayımlar kavgalarımızın, zorluklarımızın, sevdiğimizi iddia ettiğimiz kişileri yanlış anlamamızın nedenidir. Birileri bize bir şey söylediğinde varsayımda bulunuruz, bir şey söylemediğinde de varsayımda bulunuruz, çünkü bilmeye ihtiyacımız vardır ve karşımızdakine sormaya cesaretimiz olmadığı için bu şekilde iletişim kurduğumuzda gelebilecek risklerden kendimizi korumuş oluruz güya. Soru sormak aslında varsayımda bulunmaktan çok daha iyidir, çünkü varsayımlar aynı zamanda hayatımıza acıları davet eder. Anlamadığımız konulara varsayımlarda bulunarak anlam vermeye çalışırız, ama gerçek ortaya çıktığında bunun hiç de düşündüğümüz gibi olmadığını, kendimize boşu boşuna acı çektirdiğimizi görürüz. Tıpkı benim başıma geldiği gibi.

"Acaba benden ayrılacak mı? Acaba hayatında başkası mı var? Acaba artık beni sevmiyor mu?" diye varsayımlarda bulunmaya başlamıştım işte o tatil boyunca. Hatta yazdığım son senaryoya göre işkolikliğimden dolayı istemeden onu ihmal etmiştim ve o da bu duygusal boşlukta ona çok ilgi gösteren, ısrarla üzerine düşen başka bir kadına gönlünü kaptırmıştı. Hatta onunla ilişkiye başlamak üzere olduğu için hafta içi gitmemizi bahane ederek gelmemişti ve bana bunları anlatıp ayrılmak istediğini söyleyecekti. İşte bütün bu varsayımlarla tatili kendime zehir ettim. Arkadaşlarıma üzüntümü, mutsuzluğumu hissettirmemek için harcadığım çaba beni daha da yormuştu. Sonuçta bu onların da tatiliydi ve kendi sorunlarımla tatlarını kaçırmamalıydım.

Varsayımlarla, acabalarla geçen tatilim sonunda bitmişti ve dramasını oluşturduğum cumartesi gelmişti. Akşam yemeği için buluşacaktık. Bir taraftan duyacağımı düşündüğüm sözlerden dolayı korkuyordum, diğer taraftan da ne söylenecekse söylensin bitsin artık bu bilinmezlik çilesi diyordum. Sonuçta hiçbir ayrılık acısının sonsuza dek sürmediğini, bir süre sonra yüreğimin iyileşeceğini biliyordum. Varsayımları bırakmış, kendimi telkin etmeye bile başlamıştım.

Kuaförün yolunu tuttum, saçlarımı, manikür ve pedikürümü yaptırdım, son derece hoş bir şekilde giyindim ve nihayet evine gittim. Kendimi senaryoma o kadar kaptırmıştım ki omuzlarımı dik tutamıyordum. Asansörle çıkarken aynada kendimle konuşmaya başladım. "*Kendine gel Saba. Sen çok değerlisin. Onun artık seni sevmiyor olması senin sen olduğun gerçeğini değiştirmez. Olan hayırlıdır. Ben benim,*" dedim. Bu birkaç saniyelik telkinim hemen işe yaramıştı. Dimdik bir duruşla kapıyı çaldım. Kapı açılır açılmaz sarıldık, öpüştük. Deliler gibi özlemişti beni. Yemek bile yapmış, romantik bir sofra hazırlamıştı. Şaşkındım, ama bunu çaktırmamaya çalıştım. Tatilimin her dakikasıyla ilgili sorular sordu, çünkü ben oradayken hiç konuşamamıştık. Sesinin tonundan ayrılığa dair bir şeyler hissedersem varsayımımdan dolayı daha da bunalıma girerim diye açmamıştım telefonlarını. Kısa kısa mesajlarla geçiştirmiştim.

En sonunda kendime yaşattığım işkenceye son vermeye karar verdim ve "*Ne konuşacaktın benimle?*" diye sordum. Telefonunu elime verdi, "*Bak şu fotoğraflara,*" dedi. Okyanus kenarında, tıpkı filmlerde gördüğümüz gibi önü plaj olan muhteşem bir evin fotoğraflarıydı gösterdiği. "*Nedir bu?*" dedim. "*Hazırlan, iki ay Malibu'dayız, bu evi kiraladım,*" demez mi!

Ne gözlerime ne de kulaklarıma inanabilmiştim. Gerçek ortaya çıkmış ve varsayım balonum patlamıştı. Meğer gerçek hiç de düşündüğüm gibi değilmiş, günlerce boşu boşuna kendimi yiyip bitirmişim.

O gece evime döndüğümde kendime yok yere varsayım zulmünü nasıl yaşattığımı sorguladım. Kendi kendime senaryo yazma huyum yüzünden yıllarca ne çok zarar vermiştim kendime. Kim bilir kaç kere bilinçli veya bilinçsiz bir şekilde böyle yaparak mutluluğumu, ânımı yaşamayı ertelemiştim. Demek ki bundan sonra mutluluk yolculuğumda hayata geçireceğim bir diğer en önemli karar, gerek partnerimle gerekse hayatımdaki diğer insanlarla varsayımlara dayanmayan bir ilişki kurmak olacaktı. Böylelikle kurduğum iletişim tamamen değişmiş olacak ve ilişkilerim yanlış varsayımlar yüzünden yıpranmayacak, hayatımın diğer alanlarında da bu sebepten dolayı yaratmış olduğum stresler ortadan kalkacaktı.

Kendime bir sistem geliştirdim. Ne zaman aklıma negatif bir düşünce veya varsayım gelse "*Şu anda bu gerçekleşmediğine göre gerçekleşince düşünürüm*" deyip o düşünceyi kafamdan attım. "*Ya hastalanırsam?*" "*Hastalanınca düşünürüm.*" "*Ya işten çıkarılırsam?*" "*Çıkarılınca düşünürüm.*" "*Ya evin taksitini ödeyemezsem?*" "*Ödeyemeyince düşünürüm*" gibi. Düşüncelerimi varsayımlarla beslemek yerine varsayımlardan vazgeçerek savuşturdum. Bu şekilde davrandıkça da düşünce sistemim değişti. Artık o beni değil, ben onu yönetir olmuştum.

Varsayımlardan kurtulmanın yolu soru sormaktan geçtiğine göre anlamadığım bir şey olduğunda soru soruyorum. Konuyu zihnimde netleştirene kadar soru sorma cesaretim var artık. Varsayımsız bir iletişim özenli bir iletişimdir, açıktır, nettir; duygusal zehirlerden arınmıştır. Her şey açık ve net olduğunda varsayımda bulunma ihtiyacı duymayacağımız için tüm ilişkilerimiz de değişecektir. Esas olan, pratik yapıp bunu tekrar tekrar uygulamaktır hayatımızda. Fark yaratmak istiyorsak, bilgiyi hayata geçirmemiz gerekir. Bunu alışkanlığa dönüştürdüğümüzde tüm yaşamımız da değişir.

Anladım ki içimizi değiştirmeden dışımızı değiştiremeyiz. İçsel farkındalığımızı artırıp kendi merkezimizde, kendi özümüzde kalmalıyız. İçimize döndükçe hayatımızın nasıl değiştiğini görüp hayatla savaşmak yerine dans etmeye başlarız. Ben yıllar içinde hayatla savaşmamayı öğrendim çünkü hep kazanan o oluyor. Yapmam gereken tek şey, hayatla dans etmeyi seçmemdi, öyle de yaptım.

Kimseyi Değiştirmeye Çalışma!

Kabul etmesi ne kadar zor olsa da karşımızdakini değiştirebileceğimiz yanılgısına düşmek, mutsuzluk davetiyesini kendi elimizle yazmamız demek. Bu nedenle mutluluk planım çerçevesinde bu davetiyeyi değil yazmak, tedavülden kaldırmam gerekiyordu.

Hoşlandığımız bir kişiyle ilişkiye girdiğimizde görmek istediğimizi görür, o kişiyle ilgili hoşlanmadığımız şeyleri de görmezden geliriz. Haklı olmak için kendimize yalanlar söyleriz. Söylediğimiz en büyük yalan da "*Sevgimle değiştirebilirim*" yalanıdır, ama bu doğru değil. Sevgi hiç kimseyi değiştirmez. Eğer biri değişiyorsa değişmeyi seçtiği içindir, bizim sevgimiz veya değiştirebilme gücümüzden dolayı değil. Sevgi ya vardır ya yoktur. Gerçek sevgi, insanları değiştirmeye çalışmadan oldukları gibi kabul etmektir aslında. Eğer onları değiştirmeye çalışırsak bu onlardan gerçekten hoşlanmadığımız anlamına gelir. Başkasının filmine müdahale edemeyiz sonuçta. O, onun gerçekliği, onun filmi. Onun senaryosunu değiştirmeye çalıştıkça hayal kırıklığına uğrarız, çünkü her defasında kendi senaryosuna tekrar geri döner. Bu süreç devam ettikçe de daha önce görmek istemediğimiz şeyleri görmeye başlarız. Karşımızdaki kişi, istediğimiz gibi biri olmayınca acı çekeriz, öfkeleniriz, böyle hissettiğimiz için de o kişiyi suçlarız. Sonrasında da kavgalar, anlaşmazlıklar, ayrılıklar, boşanmalar gelir. Sırf değiştirebilirim egosu yüzünden etrafımızda parçalanmış birçok yuva var. Bir insan neyse odur. Kendi istemediği sürece hiç kimse değişmez. "*Çocuğu olursa sorumluluk sahibi olur, çocuğu olursa değişir, çocuğu olunca durulur*" gibi yanılgılarla, kendimizle birlikte başkalarını da mutsuzluğa sürükleriz, sonra da mutlu olmanın yollarını arar dururuz.

Bence mutlu olmanın yolu, eğer biriyle birlikte yaşamaya karar vereceksek, bu anlaşmayı tam olmasını istediğimiz gibi biriyle yapmaktan geçer. Hiç değiştirmek istemediğimiz, zaten istediğimiz gibi biriyle olmak, değiştirmeye çalışacağımız biriyle olmaktan daha kolaydır üstelik. Bu kişi de bizi değiştirmeye çalışmadan, olduğumuz gibi sevmeli. Üzülerek söylemeliyim ki eğer biri sizi değiştirmeye çalışıyorsa bu sizi olduğunuz gibi sevmediği anlamına gelir. Tıpkı Malibu'da iki ay ev kiralayan eski sevgilim gibi. Her şey çok güzeldi, ikimiz de tatili dört gözle bekliyorduk. Sevgiden, saygıdan yana hiçbir problemimiz yoktu. Gün geçtikçe birbirimize daha çok bağlanıyor, hatta ileride hayatlarımızı birleştirmeye dair planlar yapıyorduk. Ufak tefek değiştirme çabaları başta hoşuma da gidiyordu ve bunu sevginin yoğunlaşması olarak algılıyordum. Onu mutlu etmek için, bizi mutlu etmek için değişiyordum da. Ruhumun haykırışlarını duymuyordum, sevgim daha ağır basıyordu. Ama için için bir huzursuzluk, sanki eksik bir şeyler var hissi de yaşıyordu. Anlam veremiyordum buna neyin sebep olduğuna. Çünkü hayatımda her şey mükemmeldi.

Bir sabah duştan çıkmış kremlenirken gözüm kolumdaki dövmeye takıldı. "Ben Ben'im" yazıyordu dövmemde. "*Ben, ben miyim?*" diye sordum kendime. Hayır, değildim. Ben artık ben değildim, kaybolmuştum, ben artık onun Saba'sına dönüşmüştüm. Kahvemi koydum, bir yıl önceki ben'i, ilişkimizi düşündüm. Neden beni değiştirmeye çalıştığını sorguladım. Her ne kadar görmezden gelmeye çalışsam da, bunu itiraf etmemek için bahaneler yaratsam da kendime, gerçek açık ve net bir şekilde ortadaydı: Beni değiştirmeye çalışıyorsa bu beni ben olduğum için sevmediği anlamına geliyordu. Öyleyse neden beni olduğum gibi sevmeyen biriyle beraber olmaya devam edip sahte bir kişilik yaratmaya çalışıyordum?

Sonuçta ben benim, neysem oyum!

Anlattığım ilişkinin sonucunu merak mı ettiniz? Şöyle oldu: O Malibu'ya gitti, bense ben olarak, kendim olarak, kendi özümde kaldım.

Affetmenin Gücünü Keşfet!

Hiç kimse affedilmemeye değmez! Geç de olsa fark ettim ki, affetmek kendimiz için, yüklerimizden kurtulup kendimizi içsel özgürlüğümüze kavuşturabilmemiz için yapmamız gereken en önemli eylemlerden biri. Ben o kişiyi hayatta affetmem dediğinizi duyar gibiyim, çünkü ben de öyle diyordum. Halbuki affetmek kendi yolumuzu açmak, sırtımızdaki yükleri bırakmak demektir. Affetmediğimiz her an, sırtımızdaki yükleri taşımaya devam ederiz. Affetmemek, sırttaki bir küfedir ve geçmişte öfkelendiğimiz her olayı ya da kişiyi bağışlamadığımız sürece o küfeleri taşımaya devam ederiz. Affetmek karşımızdakini onaylayarak "*Oh, ne iyi yaptın!*" demek ya da o kişiye sarılıp "*Seni affettim*" diyerek kendimizi enayi yerine koydurmak hiç değildir. Onları affetmek, kendi yüklerimizden kurtulmaktır. Affetmek, kendimizi sevmek demektir. Kendi yolumuzu açmak, başkalarının sırtımıza yüklediklerinden kurtulup benliğimizi özgürleştirmek, kendimizi serbest bırakmak demektir. Kısacası affetmek, sadece ve sadece kendimiz için yaptığımız, yapacağımız bir eylemdir.

Bize yanlış davrandığını düşündüğümüz kişileri bunu hak ettikleri için değil, kötülüğe karşılık vermeye devam etmeyecek kadar kendimizi sevdiğimiz için affetmeliyiz. Duygusal yaraları iyileştirmenin tek yolu affetmekten geçiyor. Bizi yaralayan kişiyi, "asla affedilemez" olarak kaydetsek de zihnimize, yine de affetmeliyiz. Hak ettiği için değil, bize yapılanı her hatırladığımızda kendimizi bir kez daha yaralamamak ve acı çekmek istemediğimiz için... Başkaları bize ne yapmış olursa olsun, kendimizi sürekli hastalıklı hissetmemek için affetmeliyiz.

Affetmek her ne kadar "Başkasının yaptığı kötülükleri hoş görmek" olarak algılansa da bunun gerçek bağışlamayla ilgisi yoktur. Affetmek, kendi içimizde tamamlayacağımız bir süreçtir. Bağışlamak bir güç kaybı değil, bilakis güçlenmek, geçmişle olan bağlantımıza son vermektir. Suçladığımız kişinin hayatımızı etkilemesine izin vermemek demektir.

Bunları yıllardır bildiğim halde bir türlü affetmek istemediğim kişiler vardı. Sanki ben onları affedince onlar da rahatlayacaklarmış gibi geliyordu. Benim içim acıdıkça onlarınki de acıyacakmış, böylelikle o huzursuzluğu onlara hep çektirecekmişim ve bu şekilde intikamımı alacakmışım gibi geliyordu, bu yüzden bir türlü affetmiyordum. Hem bana en derin acıyı yaşatacaklar hem de ben onları affedeceğim, yok öyle bir dünya diyordum. Bırakın onları görmeyi, isimlerini bile duymam yetiyordu beynimin uyuşmasına, sinir sistemimin allak bullak olmasına. Yoluma taş koymalarını, bana yapıldığını düşündüğüm haksızlıkları, kalp kırıklarını, her seferinde tekrar tekrar hatırlıyordum. Meğer ne kadar zarar veriyormuşum kendime, ruhuma. Sistem o şekilde işlemiyormuş. Bağışlamak, onlarla barışıp onları ödüllendirmek değil, sadece kendimle ilgili bir eylemmiş. O nefreti-öfkeyi bir daha kendime yaşatmamak, içimde birikmiş kızgınlıklarla kendimi cezalandırmaya, incitmeye, kendimi kurban yerine koymaya son vermekmiş.

Geçmişte beni üzdükleri için kendimi tekrar tekrar cezalandırmaya son vermenin vakti gelmişti. Birini bağışlamadığımızda, o kişiye en küçük bir zarar vermediğimiz gibi, en büyük zararı kendimize veririz. Mesele onların meselesi değil, bizimdir. Bütün bu bilgilerimi tazeledikten sonra bana tüm bu duyguları yaşatanların listesini yaptım, ama listedeki isimleri bağışlamak o kadar içimden gelmiyordu ki bir türlü başlayamıyordum. Yapacağım aslında çok basitti. *Özür dilerim, lütfen beni affet, seni seviyorum, teşekkür ederim* dedikten sonra güzel bir su akıntısını gözlerimin önüne getirip; eski acı veren deneyimlerin, kırgınlıkların, öfkelerin ve o kişilerin akıntıyla uzaklaştığını hayal etmekti.

Madem bu kadar zorlanıyordum, o zaman içten başlayıp dışa doğru gitmeliydim her zamanki gibi, yani önce kendimi affetmeliydim. "*Geçmişimi arkamda bırakmaya niyet ettim. Bana zarar vermiş olan herkesi, her olayı bağışlamak istiyorum. İsteyerek veya istemeyerek başkalarına vermiş olabileceğim tüm zararlar için kendimi bağışlıyorum.*" Ardından o dört cümle... Bunu yapmaya bir süre devam ettim. Hatta yürüyüşlerimin birçoğunu "affetme terapisi" olarak adlandırdım bir dönem. Kendimi affettiğime ikna olduktan sonra annem, babam, teyzelerim, kuzenlerim, kardeşim ve diğer yakınlarıma geldi. Annemi her hatırladığımda hâlâ burnumun direği sızlar. Hep bir parçam eksikmiş gibi hissederim. Onu affetme terapim tamamen kendimle ilgiliydi. İçimde, bilmediğim bir yerlerde beni bırakıp gitti diye bir kırgınlık varsa onu ortadan kaldırıp sonsuzluk yolculuğunda daha da huzur bulmasını sağlamalıydım.

Kendimi affetme terapisini uyguladıktan sonra listesini yaptığım kişilere geçtim. 21 gün boyunca hepsine karşı aynı sistemi uyguladım. O kişiyi affettiğimi onu gördüğüm zaman duygusal reaksiyon göstermediğimde ya da ismini duyduğumda duygusal tepki vermediğimde, herhangi biri ondan kalan yarama dokunduğunda acı hissetmediğimde anladım. Hafiflemiştim. Meğer özgür bir insan olmaya başlamanın anahtarı affetmekmiş. Artık başlarına iyi bir şey de gelse, kötü bir şey de gelse onlara karşı hiçbir şey hissetmiyordum.

Endişeleri, varsayımları geride bırakmaya çalışmak şüphesiz yorucu bir süreçti. Daha yükseğe çıkmak ruhsal dinginliğin yanı sıra tüm hayatla yüzleşmeyi de beraberinde getiriyordu. Hâlâ devam ettiğim mutluluk yolculuğumda öfkelendiğim, endişe duyduğum, kaygılandığım, varsayımlarda bulunduğum anlarda yakaladığım oluyor kendimi, ama artık ne yapacağımı bilmenin verdiği bir rahatlık da var içimde.

Farklı gözlerle dünyaya baktığımızda dünyayı farklı algılarız. Başkaları tarafından yargılanmaktan korkmadığımız, canımız istediğinde "Evet," istemediğinde "Hayır" diyebildiğimiz, herkesi, hatta en başta kendimizi kolaylıkla affettiğimiz, sevme-sevilmeme korkusu olmadan yaşadığımız, risk almaktan korkmadığımız, özgürce "Seni seviyorum" diyebildiğimiz, sevgiyi bir yaşam biçimi yaptığımız bir dünya düşlüyorum.

Sonsöz

Mutluluk yolculuğumdan ne çok şey kaldı bana. Hâlâ da öğrenmeye, deneyimlemeye devam ediyorum.

Ertelediğim her iş kafamı kurcalamak, zamanımı çalmak dışında bir işe yaramıyormuş, bunu anladım. Dahası işler biriktikçe iyice içinden çıkılmaz hale geliyordu. Odaklanma sorunumun temelinde aslında bu erteleme huyum yatıyormuş, bunu da anladım. Artık ertelemek yok, harekete geçmek var!

Endişe etmenin hayatı gölgelemekten, beni yavaşlatmaktan başka bir işe yaramadığını gördüm. "*Olan hayırlıdır,*" hayatımın mottosu oldu.

İyiliği, güzelliği, pozitif duyguları kendime çekmemin tek bir yolu var: pozitif olmak! Hissetmek istediğim gibi davranmaya başladığımda, hayatımdan karanlık bir örtü kalktı sanki. Artık her şey daha parlak, daha temiz, daha saf... Kötü şeyler olmuyor mu, kötü insanlar, kötü durumlarla karşılaşmıyor muyum? Tabii ki oluyor, tabii ki karşılaşıyorum. Ancak artık beni koruyan müthiş bir güce sahibim; kendi içimden, ruhumdan, kalbimden gelen bir güç...

Kin tutmanın zararları hem kutsal kitaplarda, hem de ruhsal öğretilerde sürekli tekrarlanıyor. Affetmediğim her günle kendimi bir gün daha yaşlandırdığımı anladım mutluluk yolculuğumda. İlahi adalete inanıyorum, affediyorum, akışa bırakıyorum kendimi ve hayatımın keyfini çıkarıyorum; bütün haksızlık ve kötülükleriyle.

Henüz yaşanmamış bir olayla, henüz tam anlamıyla tanımadığım bir insanla ilgili varsayımlarda bulunarak ne çok vakit kaybetmişim... *Carpe diem!* Günü yaşa, ânı yaşa, içinde bulunduğun halin tadını çıkar. Hayat varsayımlarda bulunarak yaşamak için, üzülmek için çok kısa.

Mutluluk yolculuğumda, insanların bana olan yaklaşımlarını, yorum ve eleştirilerini kişisel almamam gerektiğini öğrendim. Zor oldu, ama anladım ki söz güçtür, sözün sahibi de kimi zaman öfkesi, kıskançlığı, kimi zaman sevgi ve hoşgörüsüyle ulaştırıyor o sözleri bana. Hiçbir şeyi kişisel algılamadan, yolculuğa devam...

Değişim büyük ve büyülü bir sözcük. Kendime yatırım yapmaya odaklandığım anda değişimin gücünü daha iyi anladım.

Hayat çok kıymetli, çok zengin, sürprizlerle ve güzelliklerle dolu. "Hayatı yaşadım" diyebilmem için sadece kendim olmam gerektiğini de öğrendim mutluluk yolculuğumda. Bana dayatılan hayat değil, kendi kurallarımla şekillendirdiğim hayat! Kendi filmimin senaristi de, oyuncusu da, yönetmeni de benim!

Hem bilimsel verilere hem de kutsal öğretilere baktığımda, kişisel gelişim kitaplarını incelediğimde şükretmenin, iyi olanı çağırmanın önemini bir kez daha kavradım. Bilgi orada duruyordu. Tek yapmam gereken, bu bilgiyi çağırmak ve hayatıma uygulamaktı. Şükretmeye başladığım anda olanın da, olmayanın da gücünü ve güzelliğini daha iyi anladım. Mutluluk yolculuğumda, sözün gücünü hayatıma daha çok kattım.

Tecrübenin ne kadar önemli olduğunu fark ettim. Başarı kadar başarısızlık da öğretici ve aydınlatıcı. Başarısızlıklarımla yüzleşmeye ve onları anlamaya başladığım anda güçlendim, büyüdüm ve başarılara açık hale geldim. Kendim olmanın sırrı başarıda ve başarısızlıktaymış, bunu kavradım.

Enerji vampirleri, heves kırıcılar, kötülük ustaları... Her yerdeler! Onlardan uzak kalmak aslında zannettiğim kadar zor değilmiş. Yolculuğumda beni dibe çeken, enerjime zarar verenleri uzaklaştırma yolunu seçtim. Gördüm ki hayat hırsızlarından uzak kalmak ömrü uzatıyor, mutluluğu çoğaltıyor.

Kırmak, dökmek, üzmek en büyük korkum oldu yıllar yılı. İnsanlara hayır diyemedim. Yanlış olduğunu bildiğim halde evet tarafında durdum. Sonunda hayıflandığım çok oldu. Artık "hayır"ın önemini ve gücünü biliyorum. Hayır demeye başlamamla hayatımdaki "evet"ler çoğaldı.

Mutluluk yolculuğumun en önemli ânı, mutluluğun mutlu etmekle geldiğini anladığım an oldu. Artık mutluluğu paylaşıyorum, mutlu ettikçe mutlu oluyorum. Mutsuzluğun zor, mutluluğun kolay olduğunu biliyorum.

Hayat kendimizi bulmamız için bize verilmiş bir fırsat. Varlıkta da olsak, yoklukta da, ben benim deyip haykırmaktır yaşamak. Ya sen, sen olup yaşarsın hayatını ya da kendin olamayıp tekrar tekrar aynı deneyimler içinde döner durursun. Hayat bir kilitse anahtarı senin elinde. Ben anahtarımı mutlu olup bana verilen hayatı yaşamak için çeviriyorum. Kalbiniz anahtarınız...

Mutluluk yolculuğumda birlikte yol aldık. Bu sayfaya kadar geldiğinize göre siz de artık *olan hayırlıdır* diyenlerdensiniz! İyisiyle kötüsüyle, "evet"leri ve "hayır"larıyla bu hayat benim hayatım, bu yolculuk benim yolculuğum demek için hemen şimdi harekete geçme zamanı. Unutmayın mutluluk bir seçimdir. Mutlu olmanızın tek nedeni, mutlu olmayı seçmenizdir.

Mutluluk yolculuğunda başarılar!

Saba Tümer
24. *Ocak* 2018
İstanbul

Başucu Kitaplarım

- Gretchen Rubin, *Mutluluk Projesi*
- Gretchen Rubin, *Mutluluk Projesi: Ev*
- Michael Brown, *Varoluş Süreci*
- Louise L. Hay, *21 Günde Güç İçinizde*
- Esther & Jerry Hicks, *Yeter ki İsteyin*
- Don Miguel Ruiz, *Beşinci Anlaşma*
- Don Miguel Ruiz, *Dört Anlaşma*
- Chetan Parkyn, *Human Design* (*İnsan Tasarımı*)